Wachten op geluk

Van Coen Simon verscheen eveneens bij uitgeverij Ambo

Waarom we onszelf zoeken maar niet vinden
Zo begint iedere ziener
En toen wisten we alles

Coen Simon

Wachten op geluk

Een filosofie van het verlangen

Ambo|Amsterdam

MIX
Papier van verantwoorde herkomst
FSC® C013683

ISBN 978 90 263 2558 8

Omslagontwerp Marry van Baar
Omslagillustratie David Hockney,
Portrait of Nick Wilder (detail), 1966,
acrylic on canvas, 72 x 72 inches, © David Hockney
Foto auteur Reyer Boxem

Verspreiding voor België:
Veen Bosch & Keuning uitgevers n.v., Antwerpen

Voor Mees, Ella, Finn, Niklas, Amber, Olivia en Flip

Ik klop op de deur van een steen.
'Ik ben het, doe open.
Ik wil bij jou naar binnen gaan,
Overal bij je rondkijken,
Met jou mijn longen vullen.'

'Ga weg,' zegt de steen.
'Ik ben hermetisch gesloten.
Zelfs aan stukken geslagen
Zullen we hermetisch gesloten blijven.
Zelfs fijngewreven tot zand
Zullen we niemand binnenlaten.'

Wisława Szymborska
(strofen van 'Gesprek met een steen', *Zout,* 1962)

Inhoud

Opening

Een voorstelling op de keukendeur

Altijd als ik voor een paar dagen wegga laat ik voor de kinderen een kleine tekening achter. Op het velletje van een notitieblok, of op hun eigen krijtbordje. Met een paar krassen teken ik dan een trein of auto met uit het raam hangend een poppetje dat zwaait – dat mij moet voorstellen. Het komt in de plaats van de geschreven tekst die ik altijd al voor mijn vrouw achterliet nog voor we kinderen hadden.

Op een ochtend toen ik met veel haast de deur uit moest om wat langer dan normaal onderweg te zijn, dacht ik net op tijd aan de tekening. Ik zette mijn tas neer voor de schuifdeur in de keuken, waar een laag schoolbordverf op zit, en griste een krijtje uit het bakje boven op de koelkast. We zouden elkaar ruim een week later treffen in het huis van mijn schoonmoeder in Amsterdam, waar zij met z'n drieën in onze blauwe Citroën Berlingo heen kwamen.

Ik begon te groot met het huis van mijn schoonmoeder, maar in de haast koos ik ervoor sneller te gaan tekenen in plaats van de wisser te pakken om opnieuw te beginnen. In een paar trekken stonden de belendende Amsterdamse panden ertegenaan, en hing ik uit het raam op de tweede verdieping met een brede lach te zwaaien naar een blokkerig geschetste Berlingo. Door het gebrek aan diepte in de tekening was ik bang dat ze niet zouden zien wat het voorstelde. Snel pakte ik alle krijtjes van de koelkast en begon de auto blauw te kleuren, het huis lichtoranje. Met geel tekende ik een nagelvormige maan. Nog een stoepje ervoor met vier bruine amsterdammertjes, en toen moest ik echt weg.

De getekende groet is vanzelfsprekend bedoeld voor de achterblijvers, net als de woorden 'tot ziens' mij zo lang moeten vervangen tot ik weer te zien ben. Maar de afscheidstekeningen vormen ook een ritueel dat mijn eigen heimwee moet onderdrukken.

De voorstelling op de deur werd naderhand nooit uitgewist. Het boodschappenlijstje priegelen we er nog altijd boven, in de ruimte die overbleef naast de maan.

Toen ik op een avond zocht naar een plekje waar ik 'afwasmiddel' nog aan het lijstje kon toevoegen bleef mijn blik aan de tekening hangen en dacht ik terug aan het jaar ervoor, toen ik de voorstelling erop kraste.

Ik bedacht ineens waarom voorbije verlangens altijd zo gedateerd lijken, niet omdat je zulke verlangens niet meer hebt, maar omdat geen voorstelling in staat is het hele verlangen te omvatten. Dat ligt niet aan de gebrekkigheid van de voorstelling, maar aan de onuitputtelijkheid van elk verlangen.

De voorstellingen van onze verlangens mogen dan onvolkomen zijn, elk verlangen vraagt wel om zo'n verbeelding, dat is immers waar we naar *uitzien*.

De krijttekening die het tamelijk banale verlangen om als gezin samen te zijn vertegenwoordigde, bewaarde de herinnering aan hoe we toen waren. En daardoor bood het tekeningetje een inkijk in mijn gevoelens destijds, en zag ik dat mijn verlangens niet vervuld waren. Niet omdat we elkaar na een ruime week niet weer terugzagen bij mijn schoonmoeder in Amsterdam. Integendeel, alles liep zoals gepland en verwacht. Maar omdat het gevoel van weerzien nooit kan samenvallen met dat waar we naar uitzagen.

Want wat willen we eigenlijk als we verlangen? Bij ieder weerzien bejegenen mensen elkaar alsof het zo hoort te zijn. We zien elkaar en gaan met elkaar over tot de orde van de dag, totdat we weer voor kortere of langere tijd uit elkaar moeten. Wat missen we, als we elkaar missen? Missen we elkaars aanwezigheid, of missen we wat we ook missen als we bij elkaar zijn, dat we werkelijk in elkaar kunnen opgaan alsof we één zijn? Waar praten we over als we samen zijn? Waarom lachen we? En waarom huilen we?

Is ons gedrag wanneer we samen zijn niet ook als een tekening die overblijft wanneer we even weg zijn? Komt het spel dat we met elkaar spelen niet ook in de plaats van we eigenlijk willen?

Want wat is contact tussen mensen, tussen de mens en de wereld, tussen hem en zijn tijd, anders dan een substituut voor het contact dat geen vragen onbeantwoord laat? Dit boek gaat over de aard van dat verlangen. Over de voorstellingen die in plaats komen van wat we willen omarmen, maar wat we niet kunnen omarmen.

En zo komt ook dit boek, net als ieder ander boek, in plaats van wat ik eigenlijk wilde zeggen, maar waar de woorden niet voor zijn.

1

Niet omkijken

Verlangen naar bestaan

Op mijn verjaardag, begin juni, een paar dagen voor onze dochter werd geboren, had het 's nachts nog gevroren aan de grond. Ons eerste kind was op deze verjaardag uitgerekend, maar liet nog op zich wachten. Of eigenlijk veranderde het wachten van vorm, want wachten kent vele toonaarden.

Het eerste wachten was me bespaard gebleven. Mijn vrouw had op de wc van onze Groningse etage gewacht op het eerste levensteken dat opdoemde uit het ondergeplaste staafje van de zwangerschapstest. Ze wilde het niet door de telefoon vertellen en moest daarom opnieuw wachten tot ik 's avonds laat met vertraging van een afspraak uit Den Haag terugkwam. Vanaf dat moment wachtten we samen. Dat was geen onaangenaam wachten. Integendeel, het kleurde de dagelijkse bezigheden zoals een zonnige dag het drinken van een glas melk soms al tot een lyrische aangelegenheid maakt. Alles kwam in het licht van dit wachten te staan, de verhuizing, een boodschap, de lucht, de zon, de regen, de nieuwe buren, de smaak van een sigaret, het nieuwe blad aan de bomen, de baltsvlucht van een houtduif.

Pas toen ze nog niet kwam op mijn verjaardag, en zelfs ook niet in het pinksterweekend dat erop volgde, sloop er een licht ongeduld in ons wachten. Niet echt natuurlijk, niet verongelijkt, zoals bij een trein die op zijn eigenlijke vertrektijd nog niet in zicht is. Sterker, het leek zelfs een eerste glimp van het karakter van dit ongeboren kind, om niet op te komen dagen op het afgesproken tijdstip. Maar het wachten ging vanaf nu minder harmonieus. Om niet je geduld te verliezen kun je er beter niet het ongeduld van een ander bij hebben. Nu het kind blijkbaar kwam op een zelfgekozen moment, zich onttrekkend aan het deskundig gereken, leek het leven even op pauze gezet. Wat er ook gebeurde, niets scheen in deze extra tijd invloed te kunnen hebben op de geschiedenis. Je kon alles doen, je kon het evengoed laten. Al klonk het zingen van de vogels in de vroege ochtend nog even luid als tevoren, het klonk niet langer verwachtingsvol, het had meer weg van een gewoonte.

In deze tussentijd stond ik op de avond waarop de late kou eindelijk uit de lucht was verdwenen, gras en mos tussen de stenen voor het huis weg te krabben. Met het schemeren ging ik naar binnen en schoof ik naast mijn wachtende vrouw op de bank.

'Helemaal schoon,' zei ik. Een beetje afwezig wees ze naar mijn mond. 'Er zit nog iets tussen je tanden.' Verbouwereerd peuterde ik met mijn nagel een sliertje sla van het avondeten los en hield het op mijn vingertop tussen ons in. We begonnen te lachen. Heel kort, want toen braken de vliezen.

Ineens was er haast. Maar omdat we zo lang hadden gewacht, leek het wachten eerst niet te willen ophouden. We waren goed voorbereid, alles lag klaar. Nu moesten we alleen nog uit onze geduldige stemming komen. De zwangerschap was in het wachten een idee geworden die ons als een luchtballon meetrok over de wereld en deze wereld een overzichtelijkheid gaf die ze op de grond nooit heeft. Werktuiglijk zette ik mij aan de uitvoering van onze voorbereidingen. Ik plaatste in de woonkamer het bed op klossen, gooide plastic over de bank, en ik hing voor het timen van de weeën alvast een stopwatch om. Langzaamaan verloor nu het abstracte idee aan hoogte en wonnen de oppervlakkige handelingen aan kracht.

Het dorp sliep toen wij klaarzaten voor weer een nieuw wachten.

Al lijkt wachten onlosmakelijk verbonden met iets waarop wordt gewacht, ik kan niet zeggen dat ik wist waarop ik wachtte voor ik vader werd. En geldt dat niet voor al onze verlangens? We stellen het verlangen vaak voor als ware het een koord tussen mij en het voorwerp van mijn verlangen, een koord dat de ene keer krachtiger is aangespannen dan de andere keer en soms zelfs knapt – een onvervuld verlangen. Maar hoe ver moeten we deze metafoor oprekken om er de ware aard van het verlangen mee te kunnen vangen? Iets wringt er aan de chronologie. Alsof we ons ooit eerst in een toestand bevinden waarin we belangeloos en zonder verlangens tegenover een wereld staan. Een wereld met voorwerpen en personen die ons niet raken en waarvan we, zonder ons aangetrokken te voelen, objectief de waarde kunnen vaststellen. En waartoe we dan op enig moment zomaar besluiten ernaar te verlangen.

Ondenkbaar natuurlijk, zonder verlangen valt niets te waarderen. We staan verlangend in de wereld.

Hoe logisch het ook lijkt, het kan dus niet in de eerste plaats het object van verlangen zijn dat een wil in ons losmaakt. Ook als er niets van waarde zou zijn om op te wachten, dan wacht een mens net zolang tot er iets opduikt wat het wachten de moeite waard maakt. De mens is vóór alles verlangen en het lijkt er meer op dat hij in de voorwerpen die langskomen dit grote verlangen projecteert en deze vervolgens onheus als de oorzaken houdt voor zijn verlangens.

Wat kan dan wel de oorzaak van ons verlangen zijn? Waar komt 'het willen' vandaan? Volgens 'de filosoof van de wil', Arthur Schopenhauer (1788-1860), zijn deze vragen onbeantwoordbaar. De oorzaak van het bestaan van de wil onttrekt zich aan onze kennis. Maar over de aard van de wil, de ervaring ervan, tasten we volgens Schopenhauer niet in een metafysisch duister. 'De oplossing voor het raadsel van de wereld moet (...) uit het begrip van de wereld zelf volgen. De metafysica dient niet de ervaring waarin de wereld zich toont te overstijgen, maar moet deze volledig begrijpen.' En op een analyse van deze ervaring heeft hij zich zijn hele leven toegelegd. De eerste versie van *Die Welt als Wille und Vorstellung* verscheen toen Schopenhauer dertig was en tot een jaar voor zijn dood bleef hij aan het werk schaven.

Schopenhauer beschrijft de wil als een onophoudelijke kracht die het hele leven doordringt en aan de gang houdt, maar die zelf verborgen blijft aan gene zijde van de waarneembare werkelijkheid, net als het beroemde '*Ding-an-sich*' van zijn voorganger Immanuel Kant (1724-1804). Kant stelt dat wat we waarnemen slechts voorstellingen zijn, gebaseerd op het bestaan zoals het op zichzelf ('an sich') moet zijn. Ik ben een groot bewonderaar van Kant, maar bij hem blijft dit ding-op-zichzelf moeilijk invoelbaar.

Omdat we weten dat tijd en ruimte geen eigenschappen van de dingen zelf zijn, moeten we volgens Kant wel aannemen dat er buiten onze voorstellingen van de wereld in tijd en ruimte ook een werkelijkheid op zichzelf bestaat, los van deze categorieën. Al valt er geen speld tussen te krijgen, het blijft zo theoretisch. Als iemand het heeft over 'een werkelijkheid' die we niet kunnen kennen, dan wordt je nieuwsgierigheid wel heel erg op de proef gesteld met alleen zo'n logische voorstelling. De onkenbare wil van Schopenhauer, die dezelfde status heeft als Kants wereld-op-zichzelf, voelen we daarentegen voortdurend. We *willen* immers altijd, ook als we iets niet willen. En dit willen doet zich voor als de individuele vrije wil, maar volgens Schopenhauer is de menselijke wil slechts een beperkte manifestatie van die ene grote wil.

Maar dan nog blijft een wil van gene zijde een lastig voorstelbaar ding. Het is al moeilijk genoeg om je voor te stellen dat wat jij wilt niet iets is waar jij de beschikking over hebt, dat je het niet zelf bent die in eerste instantie iets wil. Zeker in een tijd waarin van het individu wordt verwacht dat hij weet wat hij wil en zelf zijn verlangens afweegt. Bovendien: in hoeverre moeten we rekening houden met dat wat onze eigen waarneming te boven gaat? Kan wat zich aan gene zijde van onze kennis afspeelt invloed uitoefenen op ons kenbare bestaan?

Ik maakte als jongetje van een jaar of zeven niet het onderscheid tussen deze wereld en eentje die zich er op onvoorstelbare wijze aan onttrekt, toch moet de aanwezigheid van zo'n ongrijpbaar bestaan de oorzaak zijn geweest van een ervaring die me op een dag behoorlijk van slag maakte.

Het begon tamelijk onnozel. We waren met de familie van mijn moeder op visite in Haren om de verjaardag van opa te vieren. Ik verveelde me daar meestal, in mijn herinnering zonder het echt vervelend te vinden. Ik denk dat de kaaskoekjes en de riesling al op tafel moeten hebben gestaan in de woonkamer, want in de hal waar ik stond klonk een in golven aanzwellend geroezemoes dat dan weer overging in luid gelach – vooral het galmende stemgeluid van mijn tante, met wie later de hele familie brak, kwam er voortdurend overheen. De hal, met het hoogpolige witte tapijt dat doorliep op de trap naar de eerste verdieping, was door alleen een deur gescheiden van de woonkamer. Het tikken van de antieke staande klok, waarin volgens mijn oma het jongste geitje paste uit de wolf en de zeven geitjes, gaf de stilte in de hal een zekere sereniteit.

Wie zich verveelt, wil getroffen worden. Zonder plan gingen mijn ogen langs alle dingen in de hal die me mogelijk uit mijn passiviteit zouden halen: een wandelstok in de paraplubak, de vitrage voor het hoge, smalle raam langs de deur, de sleutel in het slot van de garderobekast, de foto's aan de muur naast de deur naar de woonkamer. Op de familiefoto die in onze tuin was genomen, stond iedereen die ik op dat moment achter de kamerdeur hoorde. Ze keken me vriendelijk zwijgend aan. Het was zomer op de foto. In korte broek en met kousen in m'n sandalen zat ik gehurkt naast mijn moeder. Alleen Jochem, onze boxer, keek net weg toen de foto werd gemaakt. De das van mijn vader hing scheef over het rechtervoorpand van zijn jasje, opgewapperd toen hij van het statief naar ons was toe gerend. Hij en tante Dien keken zoals ze vaak keken, op het punt je voor de gek te houden. Of het nu daardoor kwam of door hun stemmen die klonken vanachter de kamerdeur, ineens voelde ik me echt bekeken door deze blikken uit het verleden. Ik wist dat dat niet kon, maar voor alle zekerheid zette ik een stap opzij. En natuurlijk hield hun blik de mijne vast zolang ik keek. Ik ging steeds verder opzij en duwde mezelf met mijn schouder tegen de muur aan de andere kant van de deurpost. Pas toen ik me ruggelings langs de klok op de grond had laten zakken was ik aan hun dwingende ogen ontsnapt. Ik bleef zitten tot ik zeker wist dat de foto zijn normale bevroren beeld weer zou tonen, die momentopname uit het voltooide verleden. Maar meteen bij de eerste poging was mijn blik alweer gevangen in die van mijn familie. Ze spanden nu ook nog samen. Ik zag aan de ogen van oom Jouke, helemaal rechts op de foto, dat zelfs hij, die nooit iemand bedonderde, op de hoogte was van het complot tegen mij – het neefje dat hen vanuit de toekomst stond te begluren.

Ik was oud genoeg om te weten dat het hier om een zinsbegoocheling ging, en ik geloofde mijn ogen dan ook niet echt. Desondanks kon ik me er niet van losmaken. Ik besloot om me gewonnen te geven – misschien om erachter te komen hoe sterk de waanvoorstelling was. Toen gebeurde iets wat ik niet had kunnen voorzien. Het vileine spel dat de fotografische familieleden met mij hadden lijken te spelen was op slag voorbij. In plaats daarvan scheen nu juist de onherroepelijkheid van het beeld me toe. De foto toonde alleen nog onschuld, dezelfde onschuld die de aanblik van een dode oproept. Niet alleen het moment dat hier was vastgelegd was voor altijd voorbij, ook wie we toen waren, de gedachten en de intenties waarmee we daar poseerden – wachtend op de klik van de zelfontspanner – kwamen nooit meer terug. De foto bewaarde dat moment niet, maar toonde dat het voor altijd weg was. Opnieuw klonk gelach uit de kamer en ik bedacht dat ook die lach nu voor altijd verloren was. Hoe dichter ik het aanwezige leven wilde naderen door alle waan van mijn voorstelling te ontmaskeren hoe meer het me toescheen dat aanwezigheid iets is wat met de snelheid van het geluid verdwijnt.

Op dat moment zwaaide de kamerdeur open. Het plotselinge rumoer doorbrak samen met de geur van wijn de rust in de hal. 'Híér is Coen,' riep mijn tante over haar schouder naar het neefje dat op de foto naast me zat.

Die avond leunde ik tegen het koude autoraam van onze Volvo. Terwijl de donkere A28 onder ons doorschoot zeurde een zinnetje door mijn hoofd dat ik niet begreep, maar waarvan ik wist dat het waar moest zijn: *ik ben er meer níét, dan wel.*

We zijn geneigd de onmogelijkheid niet meer terug te kunnen naar een levend moment in het verleden te zien als een historisch verlangen, maar wat me die zondag in mijn jeugd zo van slag moet hebben gemaakt was het voelen van de onmogelijkheid om ook in het heden volledig aanwezig te zijn. Zelfs het kleinste actuele moment is immers al opgedeeld in een komen en een gaan. Iets moet zogezegd *duren* om er te zijn, maar iets kan alleen maar duren als een deel ervan al voorbij is. Zoals één enkele noot in een muziekstuk. Deze kan alleen tot klinken worden gebracht door de noten die zojuist zijn uitgeklonken en de komende klanken die zich in het schema van de muziek aankondigen. Hierin schuilt de troost van de muziek: beter dan ons geheugen is muziek in staat het voorbijgaande (de gespeelde noten) vast te houden; zonder muziek zouden we alleen nog bungelen tussen nog niet weten en vergeten.

En dat ene kleine moment van tegenwoordigheid waarop we dagelijks balanceren, levert een overschot aan onbereikbare realiteit en onbenutte mogelijkheden op. Een overschot dat nooit aan het licht komt, maar in deze fractie van aanwezigheid mee resoneert. Misschien bedoelde Neil Young dát met '*there's more to the picture than meets the eye*', toen hij dit in 1979 voor het eerst zong. Achter onze voorstelling van de wereld gaat veel meer schuil dan waar we bij kunnen. Maar ook al blijft wat aan gene zijde is noodzakelijk onbereikbaar, het oefent onophoudelijk invloed uit op de voorstelling die wij te zien krijgen.

Toen met de komst van mijn dochter ook mijn vaderschap ineens verscheen, leek alles nieuw. Het gedoe natuurlijk van het geleefd worden door de onstuimige wil van een ander – ik vroeg me af hoe anderen dit deden, hoe m'n ouders dit hadden geflikt, en waarom we daarover nooit eerder iets hadden gehoord – maar vooral zíj was nieuw, onze dochter.

Ik zie haar nog kijken, op het moment dat de verloskundige haar in de vaart van de laatste perswee op de buik van mijn vrouw zwaait. Een blik waar veel meer gelatenheid uit spreekt dan verbazing. Alleen voor ons was zij een nieuw mens, niet voor zichzelf natuurlijk. Een compleet mens, met een eigen blik en een eigen wil.

En dan is ze er alsof het niet anders had gekund. Terwijl de biologie dit simpele feit weerspreekt: een andere vrijpartij op een ander moment had zonder twijfel een ander kind opgeleverd.

Maar al is ze er alsof het zo moest zijn, alleen een zot zou over zijn pasgeboren kind beweren: 'Nou, ze is precíés zoals ik me haar heb voorgesteld! Echt precies!'

Ze was zonder enig voorbehoud en in de volheid van haar bestaan het voorwerp van ons nieuw ontdekte ouderlijk verlangen, maar dit hadden we niet eerst zo gewild, want dit hadden we niet *kunnen* willen. Zonder haar bestaan hadden we ons haar niet kunnen voorstellen. En hoe kunnen we iets willen waarvan we ons geen voorstelling kunnen maken? Kortom, háár hadden we niet gewild tijdens die negen maanden van wachten, maar toen zij er was, wilden we haar alsof we al die tijd al naar haar verlangden. *Alsof* we wisten dat we op haar hadden gewacht.

En andersom hebben we zelf natuurlijk ook nooit de wereld gewild voor we voet op haar bodem zetten – en toch wilden we haar van meet af aan en onophoudelijk. De wil en de wereld zijn als de zon en haar hemellichamen: ze maken elkaar zichtbaar omdat ze per ongeluk elkaars pad kruisen. De wereld dankt haar aanwezigheid aan onze wil en onze wil wordt zichtbaar door de wereld.

Zo ging het ook toen het gezang van Orpheus het oor van Eurydice bereikte en haar dans zijn oog. 'Orpheus kende Eurydice voordat hij wist hoe ze heette, ja het leek of hij altijd voor haar alleen had gezongen, of hij haar overal had gezocht en nu had gevonden.' Het dansen en zingen houden elkaar in hun greep. Zou de grote schoonheid van Eurydice zichtbaar zijn geworden zonder de muziek van Orpheus? 'Als hij speelde gingen zelfs stenen bewegen. Ze vormden al dansend kringen, waarin ze nog steeds zijn te vinden. Stokoude bomen wrikten hun wortels los uit de zware aarde en volgden wiegend zijn muziek met het vreemde, meeslepende ritme.' En zou de schoonheid van zijn muziek zijn gehoord zonder de bewogenheid van haar en de wereld? Eurydice en Orpheus verbeelden de symbiotische relatie die de wereld en de wil met elkaar hebben.

Maar er zit een addertje onder het gras. Zodra hun harmonieus verlangen voet aan de grond lijkt te krijgen wordt Eurydice dodelijk gebeten door een gifslang. Orpheus kan het niet geloven. 'Voor de muziek van hun liefde beginnen kon, sprongen de snaren, en het lied bleef ongespeeld.' Zijn object van verlangen verdwijnt naar gene zijde. Hij wil haar zo graag terug dat hij afdaalt in het duistere huis van Hades. 'Ik ga naar het huis van de dood om mijn zaak te bepleiten!' Maar 'omdat woorden hem ontbraken zochten zijn vingers als vanzelf de snaren van de lier en hij speelde'. Met succes. 'Alles wat oren had stond stil en luisterde zwijgend. Goden, schimmen, monsters dachten aan licht en verlangen. Tantalus taalde niet naar water, Sisyfus rustte op zijn steen, de Danaïden zetten hun kruik neer. (...) en de wachtende schimmen vergaten het wachten.'

Het mag geen verbazing wekken dat juist muziek het wachten kan opheffen. In de maat en het ritme speelt muziek een spel met het anders zo norse en dwingende karakter van de tijd. De tijd die niets anders doet dan zeurend de afstand meten tussen Orpheus en Eurydice, tussen mijn wil en het gewilde object. In de muziek kunnen we het wachten vergeten en kunnen onze verlangens op een hoger plan worden geheven. Het denkbeeldige koord tussen mij en het voorwerp van mijn verlangen is als een snaar aangespannen. Het verlangen zelf levert nu de muziek en verwacht niet langer een onmiddellijke inwilliging van zijn eisen.

Met zijn spel haalt Orpheus de goden over om Eurydice terug te halen. 'Niet je verdriet, maar de schoonheid ervan weet ons hart te ontroeren.' Hades belooft haar vrij te laten. Hij stuurt Hermes met haar mee achter Orpheus aan. Hades verbindt zoals bekend één voorwaarde aan de vrijlating: 'Kijk niet om.' Eenmaal bovengronds 'zal ze alles afleggen van de dood en weer leven als vroeger, als je tenminste tijdens de tocht naar boven niet omkijkt'.

Maar boven, waar de tijd weer tikt, 'draaide hij zich om naar de uitgang, of uit angst, of uit ongeduld, of uit gebrek aan vertrouwen. (...) Orpheus zag het schemeren van haar witte gewaad.' De schim van Eurydice verdween 'terug in het donker, dood als de aarde. Doof als steen voor het schreeuwen van Orpheus. Hij probeerde haar in te halen, vloog naar de uitgang – maar hij vond geen uitgang.'

De eerste weken van ons nieuwe gezin waren aangenaam eentonig. De late nachtvorst was ingewisseld voor een vroege hittegolf. Zoals een pak sneeuw een hele straat verbindt, zo kan warmte dagen laten versmelten. Een eenwording die nog werd versterkt door de regelmaat die een pasgeboren kind aan het bestaan geeft. De korte nachten waren nauwelijks koeler dan de vlammende dagen, en ook het verschil tussen binnen en buiten was nauwelijks voelbaar. In de ochtend zaten we in de tuin in de schaduw van de lijsterbes en bij het ondergaan van de zon liepen we over het windstille betonpad en keken uit over de oker gekleurde golven van het graan. Met haar armpjes boven haar hoofd lag onze dochter op haar rug te luisteren naar onze stemmen. De tijd leek opnieuw stilgezet, maar nu zonder dat we nog ergens op wachtten.

Uit deze sluimer werd ik gewekt toen ik op de eerste druilerige ochtend met de regenkap over de wandelwagen mijn huilende dochter net in slaap had gezongen. De omslag in het weer kwam niet als een verrassing. Als je al dagen en nachten achtereen het zware gezoem van combines hoort, weet je dat er haast wordt gemaakt om vóór de regen het graan binnen te halen. Maar aangekondigd of niet, met een weersverandering lijkt soms het hele bestaan te veranderen. Op de plek waar graan tot aan de horizon had gestaan was nu alleen vochtige klei te zien, even grijs als de hemel.

Uit de richting van het dorp kwam de gepensioneerde buurman mij met zijn zwarte labrador tegemoet. Door de ontstane gewenning aan het nieuwe leven en vast en zeker ook door de plotselinge weersverandering voelde ik voor het eerst sinds de geboorte van onze dochter een licht gevoel van ongeduld opkomen. Hoe zou ze worden? Wat was ze eigenlijk voor iemand? Feitelijk kon ze nog altijd niets meer dan sinds haar geboorte. Ze had nog niet eens haar eerste glimlach gehad, dat veelbesproken onderwerp bij de kraamvisites. 'Er zijn' was niet langer genoeg. De tijd begon zich er weer mee te bemoeien. De miezer ging over in lichte regen.

Halverwege het betonpad, net voorbij de oprijlaan van de herenboerderij, hadden de buurman en zijn hond ons bereikt. Uit beleefdheid hield ik mijn pas iets in, maar om mijn dochter niet te wekken bleef ik wel lopen. Hij feliciteerde me. Toen ik de regenkap met daaronder de klamboe ietsje oplichtte om een glimp van het nieuwe leven te tonen trok de regen net aan. Verontschuldigend dekte ik haar weer toe. De buurman floot naar de hond en liep met me op richting dorp. 'Dat eerste jaar gaat razendsnel.' Waarschijnlijk omdat het gespreksonderwerp noodgedwongen onzichtbaar bleef greep hij terug op beelden uit zijn herinnering aan hun eerste kind. 'Zoveel als er gebeurt in zo'n jaar, zoveel gebeurt er verhoudingsgewijs nooit meer. Echt hoor, wees erbij.' Ik bén er verdomme bij, vloekte ik in gedachten. Maar mijn dochter leek verder weg dan ooit. Zijn woorden wakkerden mijn ongeduld aan over haar ongewisse toekomst. En hoe meer hij vertelde over zijn kinderen des te verder dreef zij weg uit de tegenwoordigheid. Ik boog mijn hoofd voor de regen en keek naar de plastic kap, die was verzadigd met minuscule watereilandjes. Druppels biggelden naar beneden.

Het dorp was niet meer te zien, mijn dochter was niet te zien, en door het gepraat over wat er nog komen zou kreeg ik het gevoel dat haar bestaan niet meer dan een idee was. En dat gaf ook mijn bestaan iets onwezenlijks. Het voortduwen van de kinderwagen leek een scène uit een slecht geschreven toneelstuk. En in die scène stond het betonpad voor de zinloze weg die mensen gaan, dag na dag, jaar in jaar uit, generatie op generatie. Al die tijd wachtend op geluk.

De beroemde opera *Orfeo ed Euridice* van Christoph Willibald Gluck uit 1762 geeft aan de mythe van Orpheus een eigentijdse twist. In Monteverdi's versie uit 1609 is de onbereikbaarheid van Eurydice nog dragelijk: Orpheus put troost uit haar evenbeeld in de sterren. Maar Glucks Orpheus neemt geen genoegen met geestelijke liefde. Hij wil haar *echt*, hij wil haar lichaam voelen en anders maakt hij er een eind aan. De god van de liefde valt voor deze lichamelijke zelfopgave en herenigt Orpheus en Eurydice. Dat lijkt een grotere troost dan het is. Want waarom klinkt Glucks versie dan toch een stuk treuriger en in zekere zin waarachtiger dan de montere versie van Monteverdi?

In zijn essay 'The Sex of Orpheus' wijst de Sloveense filosoof Slavoj Žižek erop dat Gluck met deze twist gewag maakt van een '*failure of sublimation*'. De moderne mens die het moet doen zonder God is niet meer in staat om zijn begeerte te sublimeren in een voorstelling die in de plaats komt van het onbereikbare begeerde object.

Het gemak van een volmaakt wezen dat onze wereld ontstijgt is natuurlijk dat we voor de bevrediging van onze diepste verlangens niet afhankelijk zijn van anderen, die onvolmaakte wezens in het hier en nu. Dat is de tragiek van de moderne mens: hij wil volledige zeggenschap over de bevrediging van zijn eigen verlangens, maar hij vergeet dat hij zijn autonomie alleen kan verkrijgen door zich afhankelijk te maken van de ander.

Het moderne individu is noodgedwongen een sociaal wezen. In het nastreven van zijn diepste verlangens is hij aangewezen op de gratie van anderen. En dan moet hij net als Glucks Orpheus bereid zijn zichzelf op te geven. Of hij dat nu wil of niet.

Gluck heeft Schopenhauer net niet meer meegemaakt. De componist die klank gaf aan het tragische verlangen in een goddeloze wereld stierf in Wenen terwijl Johanna Schopenhauer al het kind in zich droeg die dit moderne verlangen in zijn filosofie probeerde te vatten – en die bovendien bij de muziek zou uitkomen als het enige instrument waarmee de mens de onophoudelijke wil het zwijgen kan opleggen.

'Net als alle jonge moeders,' citeert Rüdiger Safranski Johanna in zijn biografie *Arthur Schopenhauer* (1987), 'was ook ik dolgelukkig met mijn nieuwe pop.' Maar, benadrukt Safranski, 'met haar kind als speelgoed moet Johanna voortaan vechten tegen het gevoel van verveling en verlatenheid dat zich van haar begint meester te maken'. Uit de moeizame verhouding die de twee later ontwikkelden valt weinig anders op te maken dan dat in de familie Schopenhauer krachtige willen streden om de macht. Na de vroege dood van zijn vader bleef Arthur ook als jongeman nog sterk afhankelijk van de wil van zijn moeder, die ondanks haar bemoeienissen weinig moederlijke gevoelens toonde.

Dit gemis is volgens Safranski beslissend geweest voor het denken van Arthur. 'Wie de primaire liefde, de moederliefde, niet heeft gekend, zal het zeer vaak ontbreken aan liefde voor het primaire, de eigen vitaliteit. Wie geen fundamenteel optimistische levenshouding, maar wel een fier zelfbewustzijn bezit, zal net als Arthur geneigd zijn op al wat leeft die vervreemdende blik te werpen waaruit de filosofie wordt geboren: de loutere verwondering dat er leven is. Alleen wie geen onweerlegbare, want door sympathie gevoede eenheid voelt met al wat leeft, kan vervreemden van datgene wat toch wezenlijk bij hem hoort: het lichaam, het ademen, de wil.'

Het is tragisch dat Schopenhauer vooral als pessimist bekend is geworden en niet als de filosoof die het lichaam en muziek tot cruciale elementen in het denken heeft gemaakt. Sinds Kant en de door Schopenhauer zo diep verafschuwde filosofie van Hegel kreeg de rede in het denken de voorrang boven het gevoel van het denken. Maar het redeneren is blind en gevoelloos voor een werkelijkheid die ze alleen op het spoor kan komen, maar waar ze zonder lichaam niet bij kan. De rede beschikt misschien over toverformules, maar niet over de mond die ze kan uitspreken.

Het lichaam is het enige 'ding onder de dingen' waarvan we een onmiddellijke ervaring hebben. We zien ons lichaam nooit als slechts een voorwerp of een mechaniek, waarvan onze voorstelling een naakt feit is. Het is het enige ding waarvan ik de 'beweegredenen' ken. Het 'ding', het lijf, ervaart en *maakt* als zodanig voorstellingen, maar wordt ook zelf ervaren als lichaam, als voorstelling. Van de wereld buiten mij heb ik een voorstelling, maar vanbinnen ervaar ik 'wil'.

Maar naast de ervaren onmiddellijkheid van ons lichaam gaat er ook onvermijdelijk een vreemd element in schuil. Het lichaam behoort niet alleen ons maar ook de natuur toe – die het laat ademen en laat bloeden – en op gelijke wijze behoort de eigen wil niet alleen tot het individu, maar ook tot een grotere, buitenindividuele wil. En zo smeedt ons lichaam de tastbare wereld aan de ontastbare wereld van de wil. De menselijke wil is een gemankeerde wil, een splintertje van de ongedeelde blinde wereldwil. In ons eigen willen voelen we dat onze wil niet onze wil is.

Niet de wetenschap, niet het denken, maar de kunst en in het bijzonder de muziek is volgens Schopenhauer in staat de onrust van dit gemankeerde verlangen even weg te nemen. Volgens Safranski zou Schopenhauer als jongetje al op dit spoor zijn gezet door een anekdote die zijn moeder hem tijdens hun wandelingen door Dantzig vertelde over het Pakhuiseiland. Op dit kloppend hart van de stad, omspoeld door de Mottlau, 'lag de gehele verscheepbare handelsrijkdom van de stad: graan, huiden, textiel, specerijen. (...) Bij het invallen van de duisternis werden de poorten van het eiland gesloten. Wie er zich dan nog op waagde, werd door bloedhonden die men 's nachts uit hun kooien liet verscheurd.' Volgens het verhaal zou een bekend cellist het in een dronken bui eens hebben opgenomen tegen de bloeddorstige wil van de beesten. 'Nauwelijks was hij de poort van de pakhuisterreinen gepasseerd of de meute stortte zich op hem. Hij drukte zich tegen de muur en beroerde met de strijkstok zijn cello. De honden bleven staan en toen hij vervolgens, moediger geworden, zijn sarabandes, polonaises en menuetten speelde, gingen de bloedhonden vreedzaam om hem heen liggen luisteren.'

Het is natuurlijk maar een overgeleverd verhaal, maar het bracht Schopenhauer tot het inzicht dat muziek beter dan de rede in staat is om vat te krijgen op de onstuitbare wil die in ieder lichamelijk wezen woedt.

'Alle mogelijke strevingen, roerselen en uitingen van de wil,' schrijft hij in *De wereld als wil en voorstelling*, 'al deze processen in het innerlijk van de mens, welke de rede samenvat onder het ruime, negatieve begrip "gevoel", kunnen door het oneindig aantal mogelijke melodieën worden uitgedrukt, maar dan wel steeds in de algemeenheid van pure vorm, zonder de materiële inhoud en uitsluitend zoals ze op zichzelf zijn, en niet zoals ze zich in de verschijning voordoen; ze geven dus als het ware de innerlijke ziel van die processen weer en niet het lichaam.'

En muziek is hiertoe volgens hem in staat, omdat ze kort gezegd alleen stemmingen voortbrengt en niet iets anders vertegenwoordigt – wat bij een beeldend kunstwerk nog altijd wel het geval is. Muziek 'zou in zekere zin ook kunnen bestaan als er helemaal geen wereld was – wat we van de andere kunsten niet kunnen zeggen. De muziek is namelijk net zo'n *onmiddellijke* objectivatie en kopie van de hele *wil*, als de wereld dat zelf is.'

Muziek drukt geen idee uit en verwijst ook niet naar een toestand in de werkelijkheid, muziek is zelf een toestand in de werkelijkheid. Daarin schuilt haar kracht. De toonkunst kan als het ware bloedhonden vreedzaam laten luisteren, omdat ze van alle kunsten als enige in staat is samen te vallen met de stemmingen die ze opwekt. Ze verwijst niet naar droefheid, pijn of vreugde, maar wekt ze op. 'Dit is de oorsprong van liederen op tekst en uiteindelijk van de opera. Juist om die reden mag de tekst zijn ondergeschikte rol nooit verloochenen en zichzelf promoveren tot de hoofdzaak. (...) Wanneer de muziek te zeer aansluiting zoekt bij de woorden en zich wil modelleren naar de gebeurtenissen, probeert ze een taal te spreken, die de hare niet is.'

Volgens Schopenhauer bestaat het wezen van de mens erin 'dat zijn wil streeft, vervolgens bevestigd wordt, en weer opnieuw streeft, en dat in voortdurende herhaling; ja zijn geluk en welzijn is niets anders dan de snelle overgang van wens naar bevrediging en van bevrediging naar nieuwe wens; het uitblijven van bevrediging betekent immers lijden, het uitblijven van een nieuwe wens uit zich in een ijdel verlangen, *languor*, verveling.' Deze dynamiek vinden we terug in de melodie van een muziekstuk, die op dezelfde wijze voortdurend afwijkt en afdwaalt van de grondtoon om uiteindelijk te bevredigen in het hervinden van de grondtoon. 'Zoals de snelle overgang naar bevrediging, en van de bevrediging naar een nieuwe wens geluk en welzijn heet, zo zijn vlotte melodieën, zonder grote afdwalingen, vrolijk. Langzame melodieën daarentegen, die zich verliezen in smartelijke dissonanten en pas vele maten later terugkeren naar de grondtoon, worden als treurig ervaren, analoog aan de vertraagde, moeizame bevrediging.'

Voor Schopenhauer zijn muziek en de wil elkaars gelijken. We kunnen de wereld zoals die aan ons verschijnt, schrijft hij, met evenveel recht 'belichaamde muziek als belichaamde wil' noemen. 'Van al het fysische in de wereld' weerspiegelt muziek 'de metafysische kant', en 'van alle verschijnselen het ding-op-zichzelf'.

De mens kan niet boven zijn eigen werkelijkheid uitstijgen. Hij kan geen kijkje nemen vanaf 'de metafysische kant' van het bestaan, naar zichzelf. Hooguit voelt hij in zijn eigen strevingen en in de tegenstrevingen van de ander de kracht van de wil die van gene zijde lijkt te komen.

Maar in de muziek, benadrukt Schopenhauer, komt die ongrijpbare metafysische wil toch even binnen handbereik. We kunnen haar immers zelf maken. En dat maakt deze kunst tot 'een onbewuste oefening in metafysica, waarbij de geest niet weet dat hij aan het filosoferen is'. Muziek, zeker als ze weergaloos wordt gebracht, lijkt op zichzelf te bestaan. Klassiek of pop maakt daarin geen verschil. Als ik Glenn Gould Bach hoor spelen, of Barbara chansons hoor zingen vergeet ik voortdurend dat zij zelf met iedere gespeelde noot de muziek tot stand brengen en heb ik eerder de indruk dat zij hun noten om een werkelijk levend bestaan heen laten dansen. Een valse noot in het muzikale spel komt zoveel harder aan dan een fout of misslag in ieder ander spel, omdat het dit 'bestaan' kan ombrengen.

'Omdat de overgang van de ene toonsoort naar een heel andere de samenhang met het voorafgaande geheel opheft, lijkt deze op de dood, voor zover het individu in de dood aan zijn eind komt. Maar de wil, die in dat individu verscheen, blijft gewoon doorleven en zich in andere individuen manifesteren, wier bewustzijn evenwel geen verbintenis heeft met dat van het eerste individu.'

Op de dag van de begrafenis van mijn oma stond ik met mijn dochter in de stille hal van het huis in Haren. Mijn opa had ze niet meer meegemaakt en oma, die drieënnegentig werd, was voor het vierjarige meisje al bij leven de belichaming van de dood geweest. Je zou immers doodgaan als je heel erg oud was, en 'ouwe oma', zoals ze haar noemde, was heel erg oud.

Naast de staande klok hing nu ook een familieportret, twintig zomers later gemaakt dan het portret dat aan de linkerzijde van de deur naar de woonkamer hing, en dat mij op jonge leeftijd eens zo van streek had gemaakt. Ook nu weer klonken er stemmen vanachter de deur. De foto was een cadeau geweest voor een huwelijksdag van mijn opa en oma. Zij stonden niet op de foto. 'Kijk,' zei ik, wijzend op de familie in de tuin van mijn ouderlijk huis, 'dat was Eppo, die leuke hond waarover ik je vertelde.' De hond keek ons lodderig aan. 'En die daar?' vroeg ik. 'Weet je wie dat is?'

'Zeg maar...' zei ze lachend.

'Dat ben ik, dat is papa.'

Haar lach verdween. Geïntrigeerd keek ze naar de puber op de foto. Ze had me nog nooit zo gezien. Zo bleef ze staan terwijl ik onze jassen in de garderobekast hing.

'Ze kijken naar me.'

Ik draaide me om en lachte. 'Ja, dat lijkt zo hè? Dat dacht ik vroeger...'

'Nee, het is echt zo!' onderbrak ze me verongelijkt. 'Ze kijken écht hoor. Kijk maar.'

Mijn buurman had in zekere zin gelijk gekregen. Het was bij die ene keer gebleven, het ongeduld dat ik voelde toen we door de regen over het betonpad liepen. De veranderingen volgden elkaar inderdaad in een ontstellend snel tempo op, maar ik begreep nu ook waarom hij er zo op gehamerd had 'erbij' te zijn.

Wij verplaatsen ons in onze kinderen, waarschijnlijk vooral om gevaren te voorkomen. Elke jonge ouder beseft geregeld dat het met de ogen van zijn kinderen kijkt, zelfs als ze niet in de buurt zijn. Maar hoezeer we ook in hen kunnen opgaan, we blijven natuurlijk vreemden. Onafhankelijke individuele willen.

En die vreemdheid voelen we door de snelheid van de veranderingen des te sterker. Het geeft je het weemoedige gevoel dat de tijd je door de vingers glipt. Je eigen herinneringen aan recente gebeurtenissen met je kinderen hebben de aard van overgeleverde verhalen. Alsof het in een ander leven heeft plaatsgevonden. Hoe vaak verbazen jonge ouders zich niet over het schrille contrast tussen de snelheid van de verandering en de traagheid van de jaren. 'Moet je nagaan,' hoor ik mezelf vaak verbaasd uitroepen, 'dat was nog *deze* zomer. Ongelooflijk.'

Die vreemdheid wakkert niet alleen het weemoedig verlangen aan naar het nabije verleden, maar ook naar de nabijheid van je eigen kind. Alleen verplaatst het kind zich niet op dezelfde wijze in de ouder als de ouder in het kind. In de verste verte niet. Wij horen bij de wereld die er al was voordat zij er waren. En zo kunnen kinderen soms even onverschillig lijken over ons lot als het zwijgzame verleden dat over ons is. Als de schim van Eurydice verdwijnen de opeenvolgende gebeurtenissen 'terug in het donker'.

Ik wist dat ik mijn dochter niet kon overtuigen van de onbezieldheid van het fotoportret. Ik keek haar op de rug, terwijl zij naar het portret bleef staren. Ze droeg het bloesje waarin ze die zomer had leren fietsen. 'Fiets is om dat paaltje,' had ik tegen haar gezegd om nog even met mijn vrouw te kunnen overleggen of die zijwieltjes er echt al af moesten. Ik trok mijn hardloopschoenen aan en rende met mijn hand in haar nek de brug van het Boterdiep over. Op het betonpad vroeg ze me haar los te laten. Daar ging ze. Ik kon haar zien glimlachen. Toen bewoog ze haar hoofd opzij, waardoor de fiets een slinger maakte. 'Niet omkijken,' zei ik hijgend. 'Kijk niet om, ik blijf achter je lopen.'

2

Landingspoging op verdwenen grond

Verlangen naar thuis

Mijn oudste zus woont in Oxford, de ander in Florida, mijn broer is zojuist liftend de grens van Kirgizië naar China overgestoken, en mijn ouders zitten in hun huis in de Cevennen terwijl ik deze zin schrijf, thuis in Noord-Groningen. Ik reis niet graag, om heel eerlijk te zijn zie ik zelfs een beetje op tegen een lang weekend Schiermonnikoog. Ik word zenuwachtig van koffers pakken, maar ik benijd mijn familie in hun wereldwijde trek – al weet ik dat mijn moeder het met de grootste tegenzin doet, want mijn heimwee heb ik van haar. En zij heeft het denk ik van haar vader. Dat vermoeden strookt overigens weinig met zijn levensgang. Hij bracht een belangrijk deel van zijn leven door ver van huis en toen mijn grootmoeder hem ontmoette, werkte hij als genieofficier in het Koninklijk Nederlands-Indisch Leger. Steeds vaker vraag ik me af, met de heimwee die ik hem nu toedicht, hoe hij zijn Japanse krijgsgevangenschap heeft uitgehouden. Ik heb het hem nooit gevraagd. Niet alleen omdat ik er nu pas op kom, maar ook omdat je dat soort dingen niet vroeg aan opa. Niemand. Want dat is een bijkomend lot waar een trauma een mens mee opzadelt: hij is een leven lang doelwit van gissingen. Getraumatiseerden vormen een zwijgend projectiescherm voor de ongeduldige vermoedens van hun omgeving. Als buitenstaander denken we dat het slachtoffer de enige is die er niet over kan spreken, maar feitelijk komen wij ook nooit verder dan alleen deze constatering, en vullen we de ontbrekende woorden in met het algemene verhaal dat over hun onheil de ronde doet.

Ik zou natuurlijk niet willen beweren dat het bééld van zo'n jappenkamp dramatischer is dan de werkelijkheid was, maar ik ben er langzamerhand wel van overtuigd geraakt dat een lichte banalisering nodig is om het persoonlijke van een lot tot leven te wekken. Pas als pijn alledaagser wordt, wordt deze ook voelbaar. Het gegeven dat opa aan de Birmaspoorlijn heeft moeten werken, miste deze alledaagsheid natuurlijk, het bleef een droog feit.

Zelfs *The Bridge on the River Kwai*, de beroemde Hollywoodfilm over de spoorlijn, die ik zeker vijf keer zag, veranderde daar niets aan. Het had zelfs het averechtse effect dat iedere poging tot een voorstelling aan mijn grootvaders krijgsgevangenschap verscheen in technicolor en de klank kreeg van een Amerikaanse filmstudio, waarin geen onvertogen woord Hollands of Maleis valt. En na zijn dood kwam ik erachter dat niet alleen de voorstelling niet klopte, maar ook de feiten. Het spoor waaraan opa had gewerkt was de Pakanbaroe-spoorlijn geweest, de 'dodenspoorlijn' van Sumatra, niet die van Birma. Daar bestond geen film van.

Maar sinds het vermoeden dat mijn grootvader dezelfde aanleg voor heimwee moet hebben gehad als ik, heb ik voor het eerst het gevoel dat ik bij machte ben een waarachtige voorstelling van zijn beproevingen te maken. Juist het betrekkelijk alledaagse van heimwee heeft me op het idee gebracht dat ook het zwaarste lot door een mens alleen gevoeld kan worden met die paar emoties die we tot onze beschikking hebben.

We zijn gewend geraakt om van groot leed te zeggen dat het onvoorstelbaar is, omdat er geen woorden voor zijn, maar klein leed en klein geluk zijn echt niet gemakkelijker onder woorden te brengen, althans niet zonder de persoonlijke betekenis te vervormen. Maar vóórstellen kunnen we het ons best. Als mijn vader, die huisarts was, mij vroeg wat voor een pijn ik voelde als ik met een dikke enkel of een schaafwond van school terugkwam, dan kon je kiezen uit 'kloppend', 'stekend', 'scherp', 'dreunend' en misschien vergeet ik er nog een. Nooit had ik het gevoel dat het woord exact correspondeerde met de pijn, maar hij wist wel wat ik bedoelde en dus ook wat hij vervolgens moest doen.

Dat ik me mijn grootvader voorstel als een man met aanleg voor heimwee komt door een verhaal dat ik over hem ken, en dat ik combineer met de beelden die mijn geheugen me voorleggen als ik aan hem denk – eigenlijk altijd tot tranen toe lachend met een borreltje in z'n hand en dan weer in zichzelf, stemmig starend. Iedere middag als hij terug was van zijn werk tikte hij, een borrel in zijn linkerhand, met zijn trouwring op de verwarmingsbuis in de woonkamer. Mijn moeder en haar zussen lieten dan hun huiswerk liggen en kwamen uit hun kamers. Meer dan om deze dagelijkse borrel moet het hem om dat getik zijn gegaan. Dat woordeloze contact via een stelsel van buizen dat door het hele huis loopt.

Heimwee ligt voortdurend op de loer, als je er een beetje aanleg voor hebt hoef je er zelfs niet eens voor van huis. Evengoed hoef je ook niet thuis te zijn om het niet te voelen. Dat is een misverstand over heimwee. Ik heb me nooit eerder zo thuis gevoeld als op die woensdagmiddag, toen ik om een of andere reden terecht was gekomen op een open plek in het bos enkele kilometers buiten ons dorp. Ik zal een jaar of zeven zijn geweest en ik denk dat een verjaardagspartijtje de aanleiding was dat ik hier verzeild raakte. In ieder geval herinner ik me nog goed mijn verbazing over het achteloze gedrag van mijn vriendjes, die de ruimte meteen als voetbalveld in beslag namen. Hoe konden ze niet zien dat zoiets hier niet de bedoeling was. Ik hield erg van voetballen, maar de jassen die als doelpalen in het gras waren gegooid zag ik als een aantasting van dit natuurlijk heiligdom. De eensgezindheid waarmee de beuken, berken en de kleine eiken een perfecte cirkel vormden dwongen mij naar de rand van die cirkel, waar ik me tegen de gladde bast van een jonge beuk in het mos liet glijden. Van die middag herinner ik me verder niets meer. Ik ben ongetwijfeld ook gewoon gaan voetballen.

De open plek had een indruk achtergelaten die me anders naar mijn omgeving deed kijken. Alsof alles om die plek draaide. Alsof ik het centrum van de wereld had zien liggen. Er was geen braakliggend terreintje of troosteloos hoekje meer dat ik niet in perspectief zag met dit heilig oord. Dat is vast en zeker de gunstige zijde van heimwee. Deze introverte angst voor het vreemde kan met evenveel kracht al het vreemde bij elkaar brengen, waardoor de eigenlijke verscheidenheid van de wereld als eenheid wordt ervaren.

'Dit landschap vind ik het allermooist.' Als we op Schiermonnikoog fietsen is er steevast een moment waarop mijn vrouw met deze woorden naar het landschap van dennen, duinen en loofbos wijst en uitlegt dat het haar doet denken aan de omgeving op de Veluwe bij haar oma, waar ze in haar jeugd de zomers doorbracht. Pas na enkele vakanties kwamen we erachter dat ze dit telkens op precies hetzelfde punt in het landschap zei en dat dus 'dit landschap' eigenlijk een onterechte kwalificatie is. Ik vroeg me af hoe het kan dat we een unieke plek ervaren als iets algemeens, hoe we in staat zijn deze ene plek, op precies dit moment toch te ervaren als een landschap in het algemeen. Ik vroeg me ook af waarom een plaats in het heden aan een andere plaats in het verleden kon doen denken. Toen bedacht ik wat ik vroeger zelf deed als ik in het bos speelde: ik projecteerde mijn toekomst in dat landschap.

Zo viel me in waarnaar we eigenlijk terugverlangen. Niet naar het landschap, maar naar de gelukkige voorstelling die we ervan maakten. Achteraf wanen we ons gelukkig te zijn geweest in dát landschap, maar dit geluk bestond uit de voorstelling van toekomstig geluk. Als we op een ander moment opnieuw in de toekomst kijken – bij uitstek een vakantieactiviteit – verwart het geheugen oude en nieuwe verlangens en zien we de zwijgende landschappen achter onze projecties onterecht aan voor de stille getuigen van onze geluksgevoelens.

Waarschijnlijk doordat ik er zomaar middenin stond die woensdagmiddag, heb ik lang gedacht dat ik nog weleens naar het veldje in het bos zou terugkeren. Maar het gebeurde niet. Ik wist zelf ook niet precies hoe ik er moest komen, bovendien was het ergens aan de andere kant van de drukke weg langs het kanaal, die ik niet alleen mocht oversteken. En een verjaardag heb ik er nooit meer gevierd.

Zo werd de plek een onzichtbaar ijkpunt. Als de leegte in de naaf waar het wiel om draait. Ik had alleen niet door dat ik wel het bestaan van het veldje bewaarde in mijn geheugen, maar niet het beeld ervan. Aan het eind van de middelbare school was ik bevriend met een jongen van de bosbouwschool. Hij vertelde me over het Leusveld, waar hij als hij er 's nachts uilen ging luisteren, herten en zwijnen zag. Toen hij het kleine bos op de kaart aanwees, wist ik dat daar het veldje moest zijn.

Vanaf het moment dat ik de geografische coördinaten kende van wat in mijn kinderlijke beleving het centrum van de wereld was geweest, merkte ik dat het beeld dat ik ervan had zo vaag was geworden dat ik zelfs twijfelde of ik ooit gezien had wat ik dacht daar te hebben gezien. We spraken af dat ik eens met hem meeging op zo'n nachtelijke tocht, maar ook dat gebeurde niet.

Misschien is het meest onvoorstelbare van een mensenleven wel dat ondanks het beperkte arsenaal aan gevoelens waarover we beschikken onze ervaringen toch stuk voor stuk uniek schijnen.

Deze uniciteit hebben we te danken aan de twee banaalste en tegelijkertijd vreemdste eigenschappen waarin onze gewaarwordingen zich manifesteren: ruimte en tijd. Ludwig Wittgenstein schrijft in de *Tractatus logico-philosophicus* (1927) dat twee voorwerpen met dezelfde logische vorm alleen daardoor verschillen van elkaar, doordat ze verschillend zijn. Het is raadselachtig hoe deze tautologie toch iets te zeggen heeft, maar het onthult onmiskenbaar een van de grootste geheimen van onze persoonlijke ervaring. Al maken we met die paar gevoelens die we hebben telkens dezelfde dingen mee, als ervaringen kunnen we ze onderscheiden omdat ze op een ander punt in de ruimte en in ieder geval op een ander moment in de tijd geschieden. Alleen zet de onthulling van dit ene geheim een andere in werking, want: waar en wanneer zijn we dan als we ervaren? De mens bevindt zich altijd in ruimte en tijd, maar van het bestaan zelf hebben we niet de coördinaten in ruimte, noch in tijd.

Elke gewaarwording staat op twee benen. Een steunt op psychologische bodem, het andere op existentiële – de aard van onze werkelijkheid. De aanleg voor heimwee moeten we daarom niet alleen zoeken in een nostalgische inborst, maar zeker ook in die existentiële oorzaak: de pertinente afwezigheid van het antwoord op de vraag waar het bestaan zich in godsnaam ophoudt. Het ontbreken van deze eerste grond maakt dat ook alle volgende vertrekpunten nergens op steunen. Daarom is ieder mens in meer of mindere mate in staat heimwee te voelen. In elk thuiszijn schuilt altijd nog een gemis. De plaats en de tijd waar we gedurende een leven aan zijn gaan hechten kunnen namelijk niet tot op de bodem worden gelokaliseerd.

En al openbaart heimwee zich in ons dagelijks leven vooral als een gebrek, het verlangen thuis te zijn brengt tegelijkertijd een sterk ontwikkelde intuïtie voor de aard van ons bestaan aan het licht. Een intuïtie die misschien zelfs een voorwaarde is voor de mens om te kunnen landen in een bestaan dat zich voortdurend aan onze eenduidigheid onttrekt – omdat we nooit in staat zullen zijn het hele bestaan in kaart te brengen.

In ieder persoonlijk leven zijn we gedwongen punten in tijd en ruimte te verbinden, totdat er een netwerk ontstaat dat de oorspronkelijke willekeur ervan doet vergeten. Voor mijn moeder en haar een kwartier jongere tweelingzus ligt een van die toevallige vertrekpunten ergens bij Semarang op Midden-Java, vlak na hun eerste herinnering. Tot hun vierde brachten zij met mijn grootmoeder door in het jappenkamp. Na de capitulatie van Japan gingen duizenden mannen en jongens op zoek naar hun gezin, terwijl hele kampen geïnterneerden per militair konvooi voor hun veiligheid werden overgebracht naar kampen elders. Ook mijn moeder en tante werden op een legertruck getild op weg naar een andere onbekende bestemming. Veiligheid en geluk volgden elkaar op de voet, want het verplaatsen van vrouwen en kinderen bracht een immense achtervolging teweeg van vaders en zonen die op zoek naar hun gezin reisden van het ene verlaten kamp naar het andere.

Vlak voor een nieuw transport zaten de zusjes naast elkaar boven op hun bagage, naast hen stond mijn grootmoeder. Tegelijk met haar keek mijn moeder over haar schouder naar een uitbundige hereniging ergens achter in de kazerne. Mijn tante bleef strak voor zich uitkijken met het fotoportret van mijn grootvader op haar knieën, iedere zoekende man vergeleek ze met het beeld. Het levende gezicht van hun vader was allang in de vergetelheid van de eerste kinderjaren verdwenen en de vermagerde kale kop die hij direct na de bevrijding moet hebben gehad heeft vast niet veel geleken op de fotografische voorstelling die het portret hun voorspiegelde. Terwijl mijn moeder nog altijd achteromkeek hoorde ze de rustige stem van haar zus: ‘Daar is papa.’

Ik was al jaren het huis uit toen mijn ouders een dorp verderop gingen wonen, niet ver van het Leusveld. En zo kwam het dat ik ruim dertig jaar later op een zondagmiddag met de auto van mijn moeder naar het kleine bos reed. Ik heb er drie uur rondgelopen. Het veldje heb ik niet gevonden.

3

Herinnering van het heden

Verlangen de tijd stil te zetten

Toen ik een jaar of vijf was kocht mijn vader van een van zijn patiënten voor honderd gulden een piano. Het witte gevaarte werd in de speelkamer gestald en mijn zussen gingen op les. Met mijn vriendjes gebruikte ik het ding voorlopig alleen op regenachtige dagen als doel voor de voetbalpartijtjes met een sokkenbal.

De ernst waarmee mijn zussen toonladders repeteerden en hun muzikale vorderingen bewogen mijn ouders tot een meer serieuze aanschaf. Met de nieuwe grenenhouten piano verscheen ook een nieuwe pianojuf. Een jonge blonde vrouw, altijd in een rok tot vlak over haar knieën. Ik weet niet of zij de doorslag gaf, maar ook ik nam pianolessen.

Van de eerste lessen is me één zaterdagochtend helder bijgebleven. Ik had een week hard gestudeerd op een tamelijk simpel melodietje voor de rechterhand, waarbij de juf die ochtend een tweede partij zou spelen. De quatre-mains, die dus feitelijk met drie handen werd gespeeld, kwam haperend op gang omdat ik moest wennen aan haar rechterhand die ze zo nu en dan gracieus over de mijne plaatste, maar toen ineens mijn melodie in harmonie kwam met haar partij vergat ik het ongemak van onze lichamelijkheid en voelde ik het walsje als vanzelf door mij heen stromen. De speelkamer vulde zich ermee. De muziek verhief de muziekles tot een tafereel. De piano leek niet langer een instrument dat geluid voortbracht. De drie dansende handen, de gladde witte toetsen en de sierlijke noten voor me, vormden een geheel met de muziek, dat bestond los van mijn wil.

Het geluk was van korte duur. Ik miste de techniek om op te gaan in het spel. In mijn overgave stelde mijn lichaam zich op luisteren in, waardoor mijn hand stil bleef staan op het klavier. Aan de muzikale transcendentie kwam abrupt een einde. 'Waarom stop je nou?' vroeg ze met haar handen alweer in haar schoot. Van die ochtend kan ik me verder alleen nog mijn schaamte herinneren en dat m'n billen plakten in mijn broek op het skai van de pianokruk.

Toen twee jaar later de pianojuf trouwde en verhuisde naar de stad kreeg ik geen andere juf meer. De piano gebruikte ik alleen nog op zondagen voor het stemmen van de ukelele, waarmee ik mijn vaders gitaarspel probeerde bij te benen, met de paar grepen die hij me leerde. Ook op die middagen moest ik me tot het uiterste concentreren om me niet in het luisteren te verliezen. Vooral als we 'Where have all the flowers gone?' speelden en zongen. Ik kende het van een cassette in de auto van mijn vader – in een uitvoering van Harry Belafonte. Als we in het weekend terugreden van opa en oma zongen ook mijn broer en zussen het luidkeels mee.

Wat mij betreft speelden we de hele middag dit lied. Dat was deels luiheid – nog steeds oefen ik liever dat wat ik kan, dan dat wat ik eigenlijk nog vele malen zou moeten repeteren. Maar er was meer met het lied aan de hand. Zowel in de tekst als in het muzikale schema maakt het een betoverende cirkelbeweging. Ik stelde me voor dat we ons samen lieten meevoeren in een kano in de stroom van een eindeloze rivier. We sloegen ons er samen doorheen, couplet voor couplet, het hoge slaggeluid van mijn ukelele vloeide over in de warme akkoorden die de gitaar van mijn vader voortbracht. En in mijn vaders stem, die me van over mijn rechterschouder bereikte, hoorde ik het geluid van Belafonte. Zo nu en dan zongen we per ongeluk tweestemmig. Plichtmatig speelden we ook de andere liedjes uit het boek met evergreens, om ten slotte opnieuw in de kano te stappen en met het kippenvel op de armen ons door de stroom mee te laten voeren.

Het is natuurlijk niet noodzakelijk om te kiezen tussen sport en muziek, maar bij mij ging het wel zo. De behoefte om ooit nog eens een muziekinstrument volledig te beheersen, verdween naarmate ik meer en meer opging in de sport. Eerst met judo en hockey en later met het zwemmen, fietsen en hardlopen van de triatlon. De discipline die ik miste voor de muzikale oefening was in de sport een vanzelfsprekendheid. Ik trainde veel en op alle mogelijke momenten van de dag. Totdat een serieuze blessure aan beide achillespezen dit verhinderde. Van de een op de andere dag kon ik geen enkele sport meer beoefenen. Er werd me van alle kanten aangepraat dat ik in een depressie zou geraken als ik niet snel een andere levensinvulling vond. En dat bracht me opnieuw in de muziek.

Ik besefte dat ik me veel te vroeg had neergelegd bij het idee dat ik over te weinig muzikale talenten beschikte. Op de leeftijd dat ik tot deze willekeurige conclusie was gekomen had ik nog geen idee van tijd. Ik had jongens en meisjes om mij heen gezien die een muziekinstrument beheersten alsof het een verlengstuk van hun lichaam was en ik achtte de kans nihil dat ik deze achterstand ooit nog zou inhalen.

Inmiddels wist ik dat mijn tijdsbesef te statisch was geweest. Het spreekt voor zich dat dit besef naarmate je ouder wordt verandert. Ik had net nog aan den lijve ondervonden wat de puberteit in een korte periode aan wonderlijke veranderingen teweeg kon brengen, maar één gebeurtenis in het bijzonder maakte het beslissende verschil. Op een dag werd mijn kinderlijke geduld zo zwaar op de proef gesteld dat ik daardoor een eigenschap van de tijd ontdekte die ik niet voor mogelijk had gehouden. Het is een nogal banaal voorval, maar voor mij was het beslissend. En waarom zou wijsheid zich alleen openbaren op het topje van de hoogste berg? Hoe dan ook, deze wijsheid kwam me tegemoet in de lange rij voor een concert van Bruce Springsteen in De Kuip.

Reizen was ik op die leeftijd nog niet gewend, dus de tocht die mijn broer en ik ondernamen uit ons Veluwse dorp naar Rotterdam vond ik al erg lang. Maar omdat we vooraan wilden staan waren we nog vroeger dan nodig vertrokken. Ik had me voorgesteld dat we aankwamen bij het stadion, ons kaartje lieten zien, het veld op holden en daar vervolgens in kleermakerszit zouden hartenjagen totdat The Boss en zijn E Street Band het podium op zouden lopen. Maar bij aankomst was van hollen en kaarten geen sprake, we stonden meteen in een lange rij voor een nog dicht stadion. Toen na twee uur het stadion opengingen en de rij voorzichtig in beweging kwam, merkte ik pas mijn volle blaas op. Plassen was nu uitgesloten. Door me te concentreren op onze beweging richting ingang had ik de hoop dat ik het zou volhouden. Ik wist toen nog niet dat we na de ingang meteen in een nieuwe stilstaande rij terecht zouden komen, de rij voor vak VELD – een vak dat voorlopig ook nog geen toegang bood. Ik ben vergeten waar en wanneer ik uiteindelijk het verlossende toilet vond, maar wat ik niet vergat is dat ik op een euforisch moment tijdens het concert – Springsteen blies het intro van 'The River' op zijn mondharmonica – dit inzicht kreeg: dat alle tijd van het wachten was opgelost. Ik zei al dat het banaal was, maar wie niet bereid is om het gewone te bestuderen zal het universele nooit op het spoor komen. Het inzicht leverde me een geduld op waar ik nog altijd de vruchten van pluk. Als iets lang gaat duren, of heel moeilijk is, weet ik sindsdien dat er een moment komt dat deze tijd oplost, ergens in een toekomstig heden. Hoe vaak en hoeveel ik ook zal wachten in mijn leven, nergens wordt dit wachten opgeslagen, het wachten is altijd weer verdwenen bij aankomst.

Dit nieuwe tijdsbesef bracht me af van het kinderlijke idee dat mijn achterstand in de muziek te groot was geworden om er ooit nog bedreven in te raken. Precies een week nadat ik geblesseerd was geraakt kocht ik voor honderd gulden een countrygitaar. In de bibliotheek leende ik een boek met liedjes van Bob Dylan en een lesmethode voor fingerpicking en folkmuziek. Met het fanatisme van een topsporter stortte ik me op het gitaarspelen. Al snel dacht ik aan niets anders meer. Op school schreef ik schriften vol met liedteksten van Springsteen, Neil Young en Dylan, zodat ik in stilte en bij afwezigheid van mijn gitaar toch de muziek in me kon oproepen. En terwijl ik gebogen over het schrift de teksten prevelde voelde ik met mijn linkerduim aan de vingertoppen van die hand de laagjes eelt die zich daar in korte tijd hadden gevormd door het harde drukken op het halfedele metaal van de snaren.

In deze eerste begeestering van het gitaarspelen werd ik lyrisch, alleen al als ik een gitaar zag staan. Die opwinding is inmiddels getemperd, maar de gitaar is nooit meer dat voorwerp geworden dat het in nog onbezielde toestand was geweest. Nooit meer een van de toevallige voorwerpen van een huisraad, maar iets wat toegang biedt tot een andere wereld. Dat gevoel kende ik ook wel van andere dingen. Mijn zwembril, mijn racefiets en mijn hardloopschoenen ontstegen ook altijd hun eenvoudige karakter als middelen en brachten me in een andere sfeer. Maar zo sterk als ik dat met de gitaar had kende ik het nog niet.

Pas veel later bedacht ik dat wat ik ervoer bij het zien van een gitaar een uitvergrote karaktereigenschap is van ieder 'middel': hoe beter het middel werkt, hoe minder het als middel ervaren wordt; in perfectie brengt het *middel* ons immers in *onmiddellijke* aanwezigheid van ons doel. Dat het toch altijd een voorwerp blijft dat tussen mijn wil en de door mij gewilde wereld in staat, voelde ik toen ik voor het eerst een linkshandige gitaar in handen kreeg, waarop de snaren in omgekeerde volgorde gespannen zijn. Als voorwerp lonkte de gitaar naar die nieuwe wereld waaraan ik zo verslingerd was geraakt, maar als middel werkte het niet. In plaats van een toegang ervoer ik het ding als een afgesloten deur.

Juist door de weerstand die het muziekinstrument als ding kan hebben voelde ik, anders dan tijdens mijn eerste pianolessen, hoe belangrijk techniek en oefening zijn om de onmiddellijkheid van het middel te bereiken. Alleen door oefening gaat het zogezegd *vanzelf*. Een paradox die eigenlijk al het menselijk geklooi samenvat: een leven lang oefenen we om ons hele doen en laten *van nature* te laten zijn. En ik geloof dat het deze paradox is, waardoor ik zoveel om de gitaar geef. Van alle instrumenten belichaamt de gitaar het best deze tegenstrijdige menselijke conditie.

Anders dan bijvoorbeeld bij de piano zit er geen mooie afgewerkte klankkast om de snaren gebouwd, die dan via glimmende ivoren toetsen en zachtzinnige hamertjes tot klinken kunnen worden gebracht. Bij de gitaar zie je en voel je meteen waar het geluid vandaan moet komen. Na een avondje tokkelen is mijn duim grijs van het metaal van de snaren die ook de klank voortbrachten en mijn dijbeen en borstkast doen trillen. De gitaar blijft zo duidelijk een ding, een fijnbesnaard stuk hout, waaruit als door een wonder muziek kan vloeien.

Al heb ik met veel plezier in allerlei bandjes ook de elektrische gitaar gespeeld, en leerde ik na mijn studie de accordeon bespelen, het meest treft me nog altijd het geluid van fingerpicking in de nummers van de jonge Dylan, van de Carter Family, en vooral van Townes van Zandt – die ik even vaak kan horen als de partita's van Bach.

Het geluid dat hij uit de gitaar haalt doet me denken aan de pentekeningen van Rembrandt waarbij een minimum aan vloeiende lijnen en welgemikte krassen zorgen voor het ontstaan van een schitterende voorstelling, zonder dat je de materialiteit van het papier en de inkt uit het oog verliest. Een kunst die zich bevindt op de grens van het medium en de voorstelling. De magische overgang van het materiële middel naar de geestelijke voorstelling.

De voorstelling die uit een muziekinstrument kan worden getoverd is naar mijn idee zelfs wonderlijker dan die Rembrandt met inkt op papier kon krijgen. 'Singing some of these songs has been like living them,' vertelt Neil Young tijdens een fameus optreden van hem op 19 januari 1971 in Massey Hall in Toronto. Probeer dat maar eens met een beeld – uit welke geniale handen dit ook geboren is. Muziek kan iets wat de beeldende kunst niet kan en de literatuur slechts in mindere mate, het kan uit zijn kunstmatigheid een *echte* gebeurtenis baren, een gebeurtenis die *duurt.*

Muziek kan namelijk de tijd vatten, niet als voorstelling – dat kan een afbeelding ook, en nog beter kan de literatuur dat – maar muziek neemt tijd vanzelf als hoorbare eigenschap in zich op. Ik bedoel niet de statische natuurwetenschappelijke tijd, dan heb je aan een metronoom genoeg. Ik bedoel de tijd zoals we deze beleven, met zijn versnellingen, vertragingen en variaties. Muziek bestaat in dezelfde voorbijgaande beleving als de ervaring, maar tilt deze ervaring ook meteen op tot een voorstelling van deze ervaring, door de verzelfstandigde vorm van het muzikale schema. Het verklaart misschien ook wel waarom muziek zo gemakkelijk een stroom van herinneringen op gang brengt. Niet omdat het geluid ons aan een eerdere gebeurtenis doet denken, maar doordat ieder lied of muziekstuk bestaat bij de gratie van herhalen en voorbijgaan. De beleving van een lied is ook altijd al de herinnering eraan.

Onlangs kwam ik erachter dat een oude vriend zijn gitaar had weggedaan. Er was een tijd dat ik met hem en zijn toenmalige vriendin de liedjes zong van de Carter Family en van Townes van Zandt. Het was de tijd tussen studie en een eerste serieuze baan. Op de zaterdagavonden zaten we rond een tafel, onze gitaren op schoot. Ieder een eigen partij, ieder een eigen stem.

Gelukkig liet de techniek me niet meer in de steek. Ik kon luisteren en spelen tegelijk. En daar verschenen dan al die liedjes, alsof we er zo in konden stappen. De meeste van die nummers hebben dezelfde oneindige loop in hun schema als 'Where have all the flowers gone?'. We volgden de stroom van de tijd, pikten er een stukje uit en dreven op de herinnering van dit heden mee.

4

Nu alleen nog vliegen

Verlangen te weten wat je wilt

Zoals sommigen overtuigd zijn van een bijna-doodervaring, zo heb ik ooit een bijna-vliegervaring beleefd.

Ik zal een jaar of vier zijn geweest toen ik op een zondag, midden op het graspad dat langs het bos naar ons kippenhok liep, van planken, een stuk multiplex en het voorwiel van een oude step een vliegtuig bouwde. Ik was er de hele middag mee bezig. Mijn vader stond in groene overall op het heuveltje naast de zitkuil te schoffelen. In mijn korte broek nam ik plaats op het plankje dat dienstdeed als pilotenstoel. Ik strekte mijn benen in het koude gras en schoof mijn gele regenlaarsjes onder de plank met daarop het wiebelende wiel. Nu alleen nog vliegen.

Geen spijker of schroef was te pas gekomen aan de zelfgebouwde vliegmachine, maar ik twijfelde er geen moment aan dat de planken constructie mij even later langs het kippenhok tussen de bomen door in een bochtje over het grasveld richting vijver zou laten zweven. En dan een rondje om het huis, zwaaiend naar mijn vader die met samengeknepen ogen kijkt hoe ik verdwijn achter de weilanden richting het dorp.

'Hij is klaar, pap!' Mijn vader plantte de schoffel naast zijn laars op de grijze grond. Met de tuinhandschoen aan zijn rechterhand omklemde hij een lange bos brandnetels. In gedachten keek hij mijn richting uit.

'Hoe moet je nu vliegen?' vroeg ik. 'Hoe kán een vliegtuig eigenlijk vliegen?' Er volgde een gesprekje over brandstof en auto's, en over de tweetaktmotor van onze grasmaaier, die in de tuinschuur een benevelende zoete geur van mengsmering verspreidde. Toen het gesprek een wending maakte naar batterijen, greep ik in. Dat leek me het handigst, batterijen. Ik vroeg of er in het laatje van zijn bureau nog wat van lagen. Hij zei dat er heel veel batterijen nodig zijn om iets te laten vliegen en dat we er zoveel zeker niet hadden. Konden we ze niet kopen, wilde ik weten. Het was zondag. De winkels waren dicht.

Precies dáár begon mijn bijna-vliegervaring. Omdat mijn vader het moeilijkste deel van de uitleg had overgeslagen, de aerodynamica, liet hij mijn fantasie intact. Het enige wat deze vlucht dwarsboomde was de winkelsluitingswet, waardoor ik op zondag niet aan voldoende batterijen kon komen. Ik kon vliegen, alleen nu even niet.

Deze tijdelijk onneembare hindernis wakkerde het verlangen om te vliegen aan. Dat maakte de frustratie aan de ene kant onnoemelijk groot, tegelijkertijd was de verlossing nabij – de volgende dag al zou ik de beschikking hebben over de brandstof die mijn verlangen zou vervullen. Vanwege deze eenvoudige in het verschiet liggende oplossing voelde vliegen al even reëel als schommelen. Ik kon vliegen.

Wie de gedachte dat ik met die paar losse planken in het gras had kunnen vliegen wegwuift als de onnozelheid van een kleuter, ontgaat het belang van de illusie voor ons leven. Anders kan ik ook niet verklaren dat de bijna-vliegervaring meer in me heeft losgemaakt dan de eerste keer dat ik echt vloog, toen ik mee mocht met de zoon van mijn buurman, die voor zijn brevet vlieguren moest maken. In een Cessna 172 vlogen we vlak over ons huis, laag genoeg om het gras op het paadje naar het kippenhok te kunnen zien. Hij liet me zelfs nog even voelen hoe het was om met het jukvormige stuur in mijn hand de kist omhoog en omlaag te sturen. Ik vond het stoer, maar als ik aan vliegen denk, denk ik nog steeds aan die bijna-vlucht, dat voelde beter, *echter*.

Geen echtheid ontkomt aan de illusie. Zo leven we al een paar honderd jaar in de illusie van de vrije wil, of we dat nu willen of niet. Ook het realisme van de breinwetenschap zal die ons niet ontnemen.

We hebben deze illusie paradoxaler wijze zelfs te danken aan een van de meest verwoede pogingen uit de geschiedenis van de filosofie om met de harde realiteit in contact te komen. René Descartes (1596-1650) ontdekte met een list de onweerlegbaarheid van het ego: zelfs als een kwade geest me mijn hele leven voorspiegelt, dan beduvelt hij tenminste *mij*, en besta ik. De list staat bekend als de formule 'ik denk dus ik ben'. Maar in plaats van een onwrikbaar punt in de realiteit bloot te leggen, heeft *cogito ergo sum* de uitwerking van een toverspreuk gehad die met het idee van een zelfstandig 'ik' noodzakelijk de illusie van een vrije wil voortbracht. Zodra het bestaan van een ik wordt verondersteld komt de vrije wil er immers vanzelf bij. Want wat is een ik dat niets uit zichzelf kan? Geen ik zonder vrije wil.

Het was het begin van een langdurig filosofisch debat waarin werd gezocht naar de aard en de locatie van deze vrije wil en naar de relatie die het ik onderhoudt met de wereld. Behalve de vrije wil leverde dit debat nog iets op: het bewustzijn. Want wat is een ik dat zich niet van zichzelf bewust is? Precies, dat is iemand die niet weet wat hij wil.

En zo ontdekte de mens het bewustzijn. Een vermogen dat ons vleugels gaf. Plotseling konden we ons bewegen los van Gods wil en de wetten van de natuur. We beschikten zogezegd ineens over een wil die wist wat hij wilde.

Het individualisme van onze tijd dat ons opdraagt 'bewust te leven' en te 'doen wat je wilt' heeft zijn oorsprong in de toverspreuk van Descartes.

Maar de bestudering van het bewustzijn leidt in onze tijd ook tot een andere uitkomst, eentje die hier zelfs lijnrecht tegenover staat: de neurowetenschappelijke constatering dat de vrije wil niet bestaat. Het bewustzijn is in de tussentijd immers gelokaliseerd, in het brein. En dit brein is net als ieder ander orgaan onderhevig aan de wetten van de natuur. Bewustzijn in deze zin betekent dan alleen nog maar: weten dát je iets doet, maar niet meer waarom. Of zoals Victor Lamme, hoogleraar cognitieve neurowetenschap aan de Universiteit van Amsterdam, schrijft in *De vrije wil bestaat niet* (2010): 'We nemen beslissingen en verzinnen daar achteraf een reden bij.' Want wat psychologie en hersenwetenschap volgens Lamme 'vooral laten zien, is dat we een verkeerd beeld hebben van de invloed van de ratio op ons gedrag. (...) We denken dan wel dat we onze beslissingen voorkoken door erover na te denken, maar in werkelijkheid is het andersom.'

Het klinkt nog realistischer dan de toverspreuk van Descartes, maar als je je niet laat foppen door de geleerdheid van Lamme zie je meteen dat hij slordig goochelt met woorden. Want *wie* neemt precies de beslissing in Lammes onvrije wil? En *wie* verzint er bovendien achteraf een beslissing bij? Lamme legt het uit, maar let ondertussen niet op zijn handen: 'De hersenwetenschap probeert niet om iedere verantwoordelijkheid van het individu voor zijn daden onderuit te halen. Oppervlakkig gezien lijkt het misschien alsof de hersenwetenschap stelt dat iemand niet "zelf" verantwoordelijk is, maar zijn brein.' Maar dat is 'natuurlijk onzin', lacht Lamme terwijl hij een doek over het hoofd van zijn lezer gooit, 'want dat brein, dat ís hijzelf. Die twee als gescheiden zien gaat uit van een dualistisch standpunt waarin geest en lichaam twee aparte entiteiten zijn. De hersenwetenschap probeert juist te laten zien dat lichaam en geest verschillende manifestaties zijn van hetzelfde ding. Brein en geest zijn identiek.'

Al zouden we de hoogleraar op zijn woord willen geloven, dan blijft de vraag: op *welk* woord moeten we hem geloven? Soms is de ene wil de andere niet. Er is dan een wil van ons zelf en een wil van het brein. Dan weer zijn het brein en het zelf identiek. En wat is toch dat 'ding' waar lichaam en geest de 'verschillende manifestaties' van zijn? Lamme wil net als Descartes alle illusies als kwade demonen de wereld uit verjagen, maar het lukt hem niet dat 'ding' weg te toveren, dat als een zwarte doos ongeopend voor ons blijft staan.

In 1893 mengde ook Rudolf Steiner zich in het debat over de vrije wil met zijn boek *De filosofie van de vrijheid*. Steiner is nu vooral bekend als de grondlegger van de antroposofie, maar *De filosofie van de vrijheid* schreef hij nog voor hij zich op deze zelfbedachte levensbeschouwing stortte. Zijn antroposofie is misschien behoorlijk op haar retour, zijn bijdrage aan de discussie over de vrije wil is de moeite waard nader te bekijken, omdat deze een misvatting over vrijheid bevat die vandaag de dag breed gedragen is: de mogelijkheid van een individu dat welbewust en autonoom in staat is zijn eigen beslissingen te nemen. Dit idee is een duidelijke exponent van Steiners filosofie.

Niet alleen deze overeenkomst met onze tijd maakt het de moeite waard Steiners redeneringen nog eens langs te lopen, ook het wetenschappelijk tijdsgewricht waarin Steiner dit gedachtegoed ontwikkelt doet denken aan het onze. Ook toen oogstten de natuurwetenschappen succes op succes en drongen steeds meer door tot de alledaagse leefsfeer. De wetenschap oogde natuurlijk wel behoorlijk anders. Ter illustratie: het boek van Steiner verscheen tien jaar voor de gebroeders Wright het eerste vliegtuigje van de grond kregen. Wie er de foto's van kent (en ook die techniek was nog pril) weet dat dit meer op vliegeren dan op vliegen leek. Dus vergeleken met de stand van de hedendaagse wetenschap, stellen we ons de technologie van toen eerder voor als onnozel geklooi met plankjes in het gras.

Maar we zouden ons vergissen wanneer we menen dat destijds de natuurwetenschappen niet een even grote invloed hadden op ons maatschappelijk zelfbeeld. Zo waren er opzienbarende publicaties op het gebied van de biologie, van ene Charles Darwin. En er werden verwoede pogingen gedaan om ook de geesteswetenschappen te voegen naar het regime van de succesvolle harde wetenschappelijke methode.

Aanvankelijk lijkt Steiners *De filosofie van de vrijheid* vooral een welkom tegengeluid op onze tijd. Want terwijl wij onszelf als zelfbewuste burgers op de borst slaan is het moeilijk iemand te vinden die nog een beslissing durft te nemen zonder eerst een coach, een trainer, een wetenschapper of een statisticus te raadplegen. En Steiner waarschuwde hier al voor. 'Geen andere activiteit van de menselijke ziel kan zo gemakkelijk miskend worden als het denken.' En inderdaad is in een tijd waarin je bestsellers kunt schrijven met uitspraken als 'onze hersenen hebben andere plannen met ons', of 'de vrije wil bestaat niet', de miskenning van het denken aan de orde van de dag.

'Wie het nodig vindt er iets anders bij te halen,' schrijft Steiner, 'om het denken als zodanig te verklaren – zoals fysieke hersenprocessen of onbewuste geestelijke processen die achter het geobserveerde bewuste denken zouden liggen – die miskent wat de onbevangen observatie van het denken biedt.'

Om de onbevangen blik uit handen te houden van de berekenende wetenschappen stelt Steiner twee vragen, die volgens hem iedereen heeft. 'Twee kernvragen die diep in de menselijke ziel leven' en die als ze niet gesteld zouden worden de mens het gevoel geven dat 'de ziel iets wezenlijks tekort zou komen'. De eerste vraag is: 'Kun je zo in het menselijk wezen doordringen dat je een vast punt vindt waarop je al je verdere ervaring en kennis kunt baseren?' En de tweede vraag luidt: 'Mag de willende mens zichzelf vrijheid toeschrijven, of is deze vrijheid slechts een illusie, die in hem ontstaat omdat hij niet doorziet dat zijn wil net zo gedetermineerd is als ieder natuurproces?'

Het zijn rake vragen, die zoals Steiner beweert in een bepaalde toestand 'als vanzelf opkomen'. Ze raken zo omdat ze de tragiek van de menselijke ziel verwoorden die zowel graag vaste grond onder de voeten heeft als vleugels waarmee hij vrij zijn lot kan overzien. De mens wil graag vrij zijn, maar niet als een ongeleid projectiel. En als we ons oprecht afvragen waar we dat vaste punt kunnen vinden, waarop we heel het leven zouden kunnen baseren, dan gaat er een lichte rilling door de menselijke ziel, aangezien we nergens een definitief antwoord aantreffen.

Maar dan wordt Steiner ongeduldig. Waar vragen zijn, zijn antwoorden, moet hij hebben gedacht. En je kunt er toch niet je hele leven lang op blijven wachten?

Het vaste punt in de mens waarop ervaring en kennis zijn gefundeerd is volgens Steiner 'het bewuste denken.' En nee, de vrije wil is geen illusie, althans zolang we ons bewust zijn van onze wil.

Je vraagt je af hoe ze zo diep in de menselijke ziel terecht zijn gekomen, als ze zo eenvoudig zijn te beantwoorden als Steiner dat doet. Steiner begaat een denkfout door dezelfde zucht naar realiteit die we ook al bij Lamme en Descartes zagen. Hij wil voor alles een grond, ook als we misschien helemaal niet in staat zijn de grond van onze vrijheid te kunnen kennen.

Steiner neemt ook geen genoegen met de spitsvondige uitweg die Spinoza heeft voor een vrije wil in een gedetermineerd bestaan. Volgens Spinoza ervaart de mens het verlangen noodzakelijk als zijn eigen vrije wil, omdat de mens nu eenmaal niet in staat is de eerste oorzaken te kennen die het verlangen in beginsel opwekken. We moeten ons wel neerleggen bij een wil die we blijkbaar hebben, omdat doorvragen naar de oorzaak van deze wil altijd verzandt in een oneindige regressie – een kinderlijke waaromvraag.

Maar volgens Steiner is 'de fout in [Spinoza's] gedachtegang spoedig gevonden. Spinoza en alle anderen die zo denken als hij, gaan eraan voorbij dat de mens zich niet alleen van zijn handeling bewust is, maar zich ook bewust kan zijn van de oorzaken waardoor hij gedwongen wordt.'

Het bewustzijn geeft Steiner vleugels, waarmee hij boven het menselijke lot meent te kunnen uitstijgen en waarmee hij alle oorzaken kan overzien. Zo zien we hoe twee elkaar op het eerste gezicht uitsluitende inzichten dezelfde fundamentele misvatting delen. Zowel de defaitistische neurowetenschapper als de hoogmoedige idealisten van het zelfbewustzijn leven in de veronderstelling de werkelijkheid in haar geheel in beeld te kunnen brengen, los van het eigen particuliere standpunt in de wereld. En vanuit zo'n idealistisch standpunt is het onmogelijk de ware aard van het menselijke verlangen te begrijpen. Alle hartstocht stroomt eruit weg. We kunnen of alles – als je het maar wilt – of je hebt helemaal niets in te brengen. In beide gevallen is verlangen zinloos. In het eerste geval bestaat verlangen alleen voor luie mensen, in het tweede geval is het niet in jouw handen.

En als een denker eenmaal meent één vast punt te hebben gevonden waarop hij alle 'verdere ervaring en kennis' kan baseren dan is dat meestal een begin van een bouwwerk dat steeds verder weg raakt van het weinig systematische leven van een mens.

Terwijl Steiner aanvankelijk zo gedreven was de menselijke ervaring uit de calculerende handen te houden van de moderne wetenschap, dwingt zijn zelfverzonnen vertrekpunt nu zelf tot een nogal berekenende blik op de wereld. Eentje die sterk lijkt op de hedendaagse geïndividualiseerde blik. 'Het menselijke individu is de bron van alle moraliteit. De staat, de maatschappij bestaan slechts omdat zij het noodzakelijk gevolg van het individuele leven zijn.' Steiners wereld begint bij een individu dat weet wat hij wil. Want een handeling kan in zijn ogen niet vrij zijn, 'als degene die handelt niet weet waarom hij haar volbrengt'.

Bij Steiner ontstaat de zin van het leven zodra het individu doet waarvan hij weet dat dat hem in brede zin de meeste lust verschaft – waarbij lust bevrediging inhoudt van elke vorm van verlangen. Dit te kunnen weten impliceert dat de mens al vóór iedere keuze de wereld als een overzichtelijke ordening tegemoet treedt. Een ordening waaruit hij moet kiezen, en ook kan kiezen. Dat klinkt wel overzichtelijk, eerst het ei en dan de kip, maar wat als de wereld nu eens niet zo in elkaar zit?

'Wij streven nooit een abstracte lust van een bepaalde grootte na,' schrijft Steiner, 'maar een concrete bevrediging op een heel bepaalde manier. (...) Wie zijn honger wil stillen, zal de lust van de verzadiging niet willen vervangen door een even grote zij het door een wandeling teweeggebrachte lust.' Hoe mooi dit ook is gezegd en hoezeer we het ter harte zouden moeten nemen, in een tijd waarin onze begeerten steeds meer in staatjes en onderzoekjes domweg met elkaar vergeleken worden, Steiner slaat hiermee toch de plank mis. Hij slaat een stap over in de werking van de vrije en bewuste wil. Hij vergeet het stadium waarin we de wereld aantreffen, namelijk als een diffuse veelheid. Een teveel aan verlangens, verwachtingen, verlokkingen en veroordelingen.

Het existentiële probleem van de keuze wordt doorgaans voorgesteld als het menselijk tekort, waarbij de mens meer wil dan hij kan bemachtigen, dat niets aan zijn bodemloze behoefte kan voldoen. Maar het menselijke verlangen is er al voordat hij weet wat hij wil. Meer dan door een tekort wordt de mens geplaagd door een teveel. Niet een rijk teveel, maar een chaotisch teveel. Zin- en betekenisgeving gaan noodzakelijk vooraf aan 'concrete bevrediging op een heel bepaalde manier'. Abstracte lust gaat vooraf aan het verlangen naar iets concreets, aan het willen hebben.

We zien de wereld te vaak ten onrechte als een overzichtelijke etalage vol met waren die onze verlangens kunnen bevredigen. Een aanbod waar we een weloverwogen keuze uit kunnen maken. Maar de wereld lijkt meer op een dansvloer die ons weliswaar uitdaagt hem te betreden, maar vele en vooral voortdurend wisselende aanknopingspunten biedt. Er zijn talloze manieren om de vloer te betreden. Maar heel zelden zijn de aanknopingspunten zo bepaald en concreet, als Steiner meent. Concreet en bepaald worden ze hooguit in het handelen zelf. Met terugwerkende kracht. Zoals een willekeurig of per ongeluk ingezette dansbeweging ook vraagt om vervolgpassen die de eerste beweging rechtvaardigen.

Concrete zaken brengen onze abstracte lust enigszins tot rust, omdat ze, zoals Schopenhauer het zou zeggen, de ongebreidelde wil objectiveren tot een voorstelling. Dit verklaart ook waarom we bij voetbal bij een gemist schot op het doel kunnen zeggen: als die raak was geweest, was het een pracht van een goal geweest. Logisch gesproken een volstrekt onzinnige uitspraak, want de bal is mis en dus geen goal, en al helemaal geen prachtgoal. Maar uit die opmerking blijkt de geest van ieder spel: het gaat in het spel niet om de juiste berekening, maar om de geslaagde voorstelling die in het spel ontstaat. De vorm die ontstaat uit de chaos van zo-even. Van iedere voorzet geldt dat hij nooit de enige opening tot een uiteindelijke treffer is. Er zijn altijd meer mogelijkheden. De bal kan altijd aan meer dan één andere speler worden afgegeven. Het systeem van Steiner voorziet in een waarderend onderscheid tussen verschillende vervulde verlangens, alleen niet in het onderscheid tussen verschillende onvervulde verlangens. Maar net als in het voetbal leeft de mens te midden van mooie en minder mooie missers.

Een filosofie van het menselijk tekort concentreert zich op de onmogelijkheid om alle spelers tegelijk te bedienen. Maar dit is niet de werkelijke keuze waar de spelende mens voor staat. De keuze is, hoe vorm te krijgen in een teveel. In dit teveel moet de mens telkens één illusie koesteren. Een illusie die hem vleugels geeft, of in elk geval het gevoel dat hij kan vliegen.

Steiner onderschat de kracht van deze illusie. En dat doen er wel meer. We zouden bijna vergeten dat illusie teruggaat op het Latijnse *ludere*, dat niets anders dan spelen betekent. We zien een illusie niet als een spel, maar vooral als misvatting. Dat doet bijvoorbeeld ook televisiepresentator Wilfried de Jong tijdens een lang televisie-interview met illusionist Hans Klok, in het VPRO-programma *24 uur met...*

Vroeger heette een illusionist nog gewoon goochelaar en Hans Klok was toen nog Hans Kazàn, maar het komt op hetzelfde neer. Ze doen vingervlugge trucjes, waardoor ze de illusie wekken te toveren. Tijdens het interview verklapt Hans K. de Tweede enkele van zijn trucs. Hij laat De Jong een kaart tussen duim, middel- en ringvinger klemmen en legt uit hoe je deze vervolgens in één vloeiende beweging achter de rug van je hand draait. Het is een basistruc waar vele andere trucs op voortborduren. Zoals het produceren van kaarten. Hij doet alsof hij een stapeltje kaarten in de lucht gooit, maar feitelijk zijn het er een stuk of vier, en de rest tovert hij van achter zijn hand weer terug. En als slotact tovert hij met dezelfde truc een hele stapel kaarten uit zijn mond. Al krijgt De Jong de uitleg erbij, en staat hij er met zijn neus bovenop, dan nog ervaart hij met open mond de betoverende kracht van de illusie.

Tot zover niets bijzonders. Dit is het type illusie waaraan we meestal denken wanneer we het woord gebruiken, een optische illusie. Het *lijkt* zo, maar we kunnen bewijzen dat het niet zo *is*. Maar het gesprek krijgt een verrassende wending als de interviewer vraagt: 'Wat is dan het verschil tussen goochelen en toveren?'

De goochelaar bedenkt zich geen moment: 'Toveren is echt natuurlijk.' De interviewer fronst en vraagt door. De goochelaar blijkt te geloven in God en in voodoo. Geloof je dat echt? De interviewer probeert z'n lachen in te houden. 'Maar dat is ook vreemd eigenlijk,' zegt hij voorzichtig, 'jij houdt ons met de allermooiste illusies voor de gek en zelf trap je in de eerste de beste illusie, namelijk dat God bestaat.'

Zo zien we hoe woorden ons kunnen begoochelen. We noemen God een illusie en denken aan een optische illusie. Het lijkt of hij bestaat, net als Sinterklaas, maar we kunnen bewijzen dat het de buurman is – kijk maar naar zijn schoenen. Maar God is natuurlijk een andere illusie, niet te bewijzen en niet te weerleggen. God is zogezegd geen optische, maar een ontologische illusie. Een bestaansvorm, die net als de vrije wil niet bewezen noch weerlegd kan worden.

Victor Lamme is een slechte goochelaar en het brein is zijn hoge hoed. De vrije wil zal in het licht van een MRI-scanner misschien niet lijken te bestaan, in de realiteit van ons leven kunnen we deze onmogelijk negeren. Rudolf Steiner is een idealist, dat is iemand die het werk van een goochelaar alleen maar waardeert als het echt is. Iemand die geen genoegen neemt met de illusie van het kaarten produceren, hij wil *echt* meer kaarten.

Maar voor Lamme en Steiner geldt dat ze beiden illusies produceren over de mens, die, als je hun trucs kent, verdwijnen – optische illusies. Hun illusies zullen verdwijnen, maar de illusie van de vrije wil zelf niet. Niemand is bij machte uit zijn bestaan te treden om te kijken welke truc erachter schuilgaat. En zo geldt ook voor onze wil: we kunnen niet buiten ons eigen willen treden. Dat kun je niet willen.

Steiner was deze tragiek wel op het spoor 'diep in de menselijke ziel', maar hij koos er uit vrije wil voor niet te wachten waar deze tragiek hem in de wereld zou brengen. Hij verkoos het berekenende verstand boven het spel van de verbeeldingskracht. Dat is ook het verschil tussen ontmaskeringen van de menselijke vrijheid door de verhalen uit de literatuur en de mythologie aan de ene kant en die van de wetenschap en het idealisme aan de andere kant.

Het fictieve lot van Oedipus verbeeldt bijvoorbeeld heel fijnzinnig hoe de machteloosheid van de vrije wil zich in een mensenleven manifesteert. Zijn *vlucht* voor het orakel dat voorspelde dat hij zijn vader zou vermoorden en zijn moeder zou trouwen jaagt hem juist in de armen van dit noodlot. Maar het verhaal van Oedipus vertelt juist dat Oedipus niet zonder de aanname kan leven van het idee dat hij alles wat hij doet zelf doet. Anders zouden zijn omzwervingen en vlucht zinloos worden. Tegelijkertijd levert de mythe ons een voorstelling van het leven zodat wij ook zien dat de vrije wil maar een illusie is, zonder het geloof erin te hoeven opgeven.

In *Wereld & wandel van Michael K* beschrijft de Zuid-Afrikaanse schrijver J.M. Coetzee het lot van een man die eigenlijk alleen maar het tekort van het leven ontmoet. Michael K komt in armoede en met een hazenlip ter wereld. Het verhaal vertelt dat zijn moeder 'huiverde bij de gedachte aan wat er al die maanden binnen in haar was gegroeid'. K weet zich na een vreselijke jeugd in een kindertehuis staande te houden als hovenier derde klasse in de gemeentelijke plantsoenendienst van Kaapstad. Hij leeft alleen. 'Vanwege zijn gezicht had K geen vriendinnen.' Als de burgeroorlog uitbreekt wil hij zijn oude zieke moeder terugbrengen naar het platteland waar ze is opgegroeid. Ook dit loopt uit op een mislukking. Ze sterft onderweg en omdat K niet over een reispas beschikt is hij aangewezen op het zwervende bestaan van een illegaal. De enige manier om niet in een interneringskamp te werk te worden gesteld is het leven te leven van een misdadiger op de vlucht.

Met stenen, drie hekpalen, een golfijzeren plaat, een papje van leem en droog gras bouwt hij tegen een dam een onderkomen waar hij zich voor de rest van de wereld schuilhoudt. Het is nauwelijks een onderkomen, weet hij ook. En inderdaad: op een dag spoelt een stortbui het lemen pleisterwerk weg.

In onze tijd veronderstellen we, net als in *De filosofie van de vrijheid* van Rudolf Steiner, een wereld die objectief kan worden geobserveerd en een individu dat met het kompas van het bewuste denken zijn weg vindt. In het leven van Michael K valt niets te observeren en niets te kiezen. Het enige wat hij mag nemen van het leven is zijn verlies en toch beleeft hij in zijn schuilplaats, zijn zelfgebouwde illusie, een grotere vrijheid dan hij in de wereld van de keuzevrijheid ooit heeft gevoeld.

Op een dag wordt hij bijna dood uit de modder gehaald in de buurt van zijn weggespoelde schuilplaats. Hij belandt uiteindelijk weer in Kaapstad, waar hij gemakkelijker zijn verlangen naar eten kan vervullen, maar waar hij is aangewezen op liefdadigheid. 'Ik ben een voorwerp van liefdadigheid geworden, dacht hij. Waar ik ook ga, overal liggen mensen op de loer om hun vormen van liefdadigheid op me bot te vieren. Na al die jaren zie ik er nog steeds uit als een wees. (...) Ze willen dat ik mijn hart uitstort en hun het verhaal vertel van een leven in kooien. Ze willen dat ik hun over alle kooien vertel waarin ik heb gewoond, alsof ik een grasparkiet was of een witte muis of een aap. En als ik in Huis Norenius verhalen had leren vertellen in plaats van aardappels schillen en sommen maken, als ze me elke dag mijn levensverhaal hadden laten oefenen terwijl ze met een rietje boven me stonden totdat ik het zonder haperen kon afmaken, dan zou ik hen wel tevreden hebben kunnen stellen. Als mijn verhaal was afgelopen zouden de mensen het hoofd hebben geschud en medelijden hebben gehad en woedend zijn geweest en me hebben overladen met eten en drinken; vrouwen zouden me bij zich in bed hebben genomen en me in het donker hebben bemoederd.'

Maar K heeft geen verhaal. En al is het verstandiger zijn leven te slijten in de stad, waar hij door liefdadigheid zou overleven, kan hij niet leven zonder de illusie het zelf te doen. Zo trekt hij ten slotte weer terug naar het land van zijn vernielde schuilplaats, naar 'de grijze doornstruiken, de rotsbodem, de ring van heuvels, de paarse en roze bergen in de verte, de grote, stille, blauwe, lege hemel, de aarde die grijs en bruin was onder de zon op een enkel plekje na, waar je als je goed keek plotseling een levend, groen tipje zag, pompoenblad of wortelkloof'. Het land waar hij bijna dood was, maar niet zonder illusie.

5

Een kruisje op de kasseien

Verlangen naar onmiddellijkheid

Halverwege de jaren tachtig ging ik met de klas van mijn Gelderse middelbare school op een educatief schoolreisje naar Den Haag. Aan het eind van de middag, vlak voor we op het Binnenhof verzamelden voor de busreis terug, zag ik twee mannen met camera en microfoon posten voor de uitgang van de Tweede Kamer. Op hun uitrusting prijkten stickers waarop ik het toen nog wit-blauwe logo van de NOS ontwaarde. Alsof ik een geheim op het spoor was hield ik de mannen vanuit mijn ooghoeken in de gaten. Met twee klasgenoten lummelde ik nog wat over de galerij van het Binnenhof, toen plots de twee mannen zonder elkaar aan te kijken vanuit hun wachtende houding transformeerden tot acteurs in een toneelstuk. En in dat stuk kwam een derde acteur op, in colbert, een dunne aktetas in de hand. Alsof er een kruisje op de kasseien stond gekrast hield hij halt en rechtte zijn rug. Zonder eerst te groeten en zonder nog een moment om zich heen te kijken, gaf hij uitgebreid antwoord op de korte vragen van de man met de microfoon.

Omdat hun stemmen verdwenen in de akoestiek van de straatgeluiden en een echt podium ontbrak, leek de vertoning op een oefening – niet echt. Het duurde even voor ik me eruit kon losmaken, maar toen dat eenmaal gebeurde stapte ik op het tafereel af dat zich binnen een onzichtbare cirkel leek af te spelen. Ik trad hun tovercirkel binnen en liep enkele meters achter de pratende man langs. Heen, en weer terug. En nog een keer. Pas de derde keer durfde ik te zwaaien.

Mijn inbreuk moet op een cruciaal moment in het interview zijn geweest, want de puberale actie was die avond uitgebreid zichtbaar op het achtuurjournaal – alleen mijn gezwaai was niet meer te zien. Ik heb de beelden, die ik opnam met onze eerste videorecorder, ik weet niet hoe vaak teruggezien, maar ik zou niet kunnen zeggen welk bewindspersoon of Kamerlid er aan het woord is geweest, noch waarover het ging.

Zwaaien in de camera was in die tijd nog gemeengoed onder de 'toevallige voorbijganger'. Inmiddels heeft de onzichtbare cirkel zich uitgebreid tot de gehele publieke ruimte en speelt iedereen mee in de voorstelling, ook als die voorstelling niet wordt uitgezonden. En in die voorstelling speelt iedereen zichzelf, naturel – net echt.

Volgens de Duitse filosoof Helmuth Plessner (1892-1986) is de mens 'van nature kunstmatig': terwijl onze aanwezigheid in de wereld altijd door kunstmatige middelen mogelijk wordt gemaakt, ervaren we deze middelen als onderdeel van ons lichaam. Sinds we ooit de eerste steen wierpen is techniek onze tweede natuur. Zo schatten we de meeste afstanden niet als loopafstand in, maar eerder hoe we hem fietsend, met de tram of de auto overbruggen. We denken en bewegen met deze technische uitbreidingen van ons lichaam alsof ze lichaamseigen zijn. Zoals we ook kunnen zeggen 'ik sta daar' als we het over onze geparkeerde auto hebben.

Maar van alle middelen die ons lichaam zich eigen hebben gemaakt is de camera waarschijnlijk het apparaat dat we het meest hebben geïnternaliseerd. Om te beginnen omdat we de wereld het vaakst daadwerkelijk zien door de ogen van een camera. Ik bedoel niet zozeer als de opa's en oma's die door de lenzen van hun videocamera en fototoestel hun kleinkinderen zien opgroeien, of zoals een Chinese toerist door Europa. Al lopen we niet de hele dag met een camera voor onze neus, het beeld dat we ons van de wereld vormen halen we uit televisiebeelden, krantenfoto's, familiefoto's, de buienradar, YouTube, Facebook, videoboodschappen van zelfmoordterroristen en satellietbeelden van massavernietigingswapens in een woestijn. En met deze beelden in ons hoofd kijken we opnieuw naar de wereld. Door MRI-scans, echoscopie en röntgenfoto's weten we hoe ons lichaam er vanbinnen uitziet, en met die beelden 'in ons hoofd' zien we ons lichaam. Dus ook als we geen lens voor ons oog houden, zien we elk detail van onze alledaagse wereld in het licht van het grotere geheel dat we met al deze beelden bij elkaar hebben gesprokkeld.

De lichamelijke toe-eigening van de camera blijkt ook uit ons 'kijken', niet alleen vanwege de inhoud van het beeld, maar ook omdat de camera ons de wereld altijd in een zeker perspectief en kader aanbiedt. Zoals ook de schilderkunst ons anders naar de wereld liet kijken. Het sterkst door het lijnperspectief. 'Door de toepassing van het lineair perspectief,' schrijft Petran Kockelkoren in *Techniek: kunst, kermis en theater*, 'wordt de wereld getransformeerd tot een uitwendig tafereel, terwijl in dezelfde beweging de waarnemer ruggelings uit het beeld wordt gedreven en tot afstandelijke toeschouwer wordt omgevormd.' Maar naast dit vormende perspectief heeft ook de esthetica van het beeld invloed op het kijken. Door de Hollandse Meesters kijken we anders naar de lucht, door de impressionisten anders naar het strandleven, door de *Wildlife*-fotografie anders naar de natuur. Dat is geen blik zonder gevolgen (kijken is nooit zonder gevolgen): het kader plaatst niet alleen een esthetische norm over de werkelijkheid, maar omdat het fotogenieke voorrang krijgt, heeft dat ook ethische gevolgen, van eetziektes bij fotomodellen tot het uitsterven van de minst fotogenieke diersoorten.

De camera heeft behalve het 'kijken' nog een karaktereigenschap die we aan onze zintuiglijkheid hebben toegevoegd: het bekeken worden. We weten feilloos zodra een camera in de buurt is of we binnen haar bereik vallen. En in het aangezicht van de camera richt ons gedrag zich zonder meer op de camera. De camera als doel, niet als middel. Wie of wat erachter schuilgaat maakt ons niet uit. We zijn altijd voorbereid op een camera. We hebben altijd een houding klaarliggen voor een lens.

De aanwezigheid van deze instant reflex is op de foto doorgaans niet zichtbaar, omdat we in ieder beeld dat we onder ogen krijgen een doelmatigheid projecteren. We moeten wel, we krijgen immers altijd alleen fragmenten te zien, beelden die zijn losgemaakt uit de stroom van een gebeurtenis. Maar wat we missen vullen we zelf in. Van iedere houding op een foto of film vermoeden we een bedoeling en van iedere scène veronderstellen we een doel.

Alleen de omweg van de kunst is af en toe bij machte om de onzichtbare houding, deze instant reflex, aan het licht te brengen. De kunstfotografe Kim Nuijen (1984) kreeg bijvoorbeeld vat op de verborgen eigenschappen van de fotografie met haar project *'instant' reflex* (2011). Op enkele willekeurige plaatsen in de openbare ruimte stalde Nuijen haar keukentrapje en vroeg het passerende publiek door een megafoon of het een moment wilde opkijken voor de foto. Uit de overzichtsfoto's die Nuijen hiermee verkreeg isoleerde ze afzonderlijke portretten. De verzameling anonieme portretten deconstrueert zowel de vanzelfsprekende projectie van de kijker die in alles een doel ontwaart, als de instant reflex van de geportretteerde, die zich tot louter pose ontpopt.

'Op het moment dat ik mezelf geobserveerd weet door een lens, verandert alles,' schrijft Roland Barthes in *Camera Lucida*, zijn beroemde essay over fotografie uit 1980. 'Ik stel me in op het proces van "poseren", onmiddellijk produceer ik een ander lichaam voor mezelf, ik transformeer mezelf bij voorbaat in een beeld.'

Nuijens 'portretten' hebben deze 'pose' gevangen. Het zijn portretten voor niemand en van niemand. Het zijn de gezichten die uit een onsamenhangende massa opkijken, als reactie op een anonieme vraag voor een onbekend doel. 'Kunt u allemaal even opkijken voor de foto?' Nuijen heeft zoveel mogelijk context vermeden bij het nemen van de foto en zoveel mogelijk context laten verdwijnen bij het selecteren en uitsnijden. En met deze deconstructieve blik toont ze hoe de camera onze tweede natuur werd: we zien een intieme glimlach, irritatie, we zien verzet (een middelvinger), we zien onverschilligheid, haast, gêne en afschuw, maar we zien geen van deze uitingen zonder het patina van de pose, gericht aan het anonieme oog.

Terwijl de geschiedenis is beland in een seculiere voorstelling van het leven is ongemerkt een nieuwe god als een *deus ex machina* in ons leven opgedoken: het anonieme oog van de camera; een kunstmatige god die we vereren met naturel gedrag. En omdat dit anonieme oog tot niets verplicht behalve tot 'jezelf zijn' hebben we de camera niet zoals de fiets of de trein als een bemiddelend verlengstuk aan ons lichaam toegevoegd, maar als een *dermatitis artefacta*: de camera zit ons op de huid als een aandoening die we onszelf hebben aangedaan.

Ik had de volgende dag voor alle zekerheid dezelfde kleren aangedaan als die waarmee ik op televisie te zien was geweest. Een groene pet en een jack van beige spijkerstof. Omdat mijn kinderlijke streek uitgebreid in de bus terug besproken was, had vrijwel de hele klas het achtuurjournaal gekeken, maar tot mijn vreugde kwam in de eerste pauze ook het meisje van de havo, op wie ik heimelijk verliefd was, in de hal op me af. Ik zie haar nog aankomen, samen met haar hartsvriendin, even klein van stuk als zij. In hun glinsterende blikken zag ik onmiddellijk dat ook zij mijn verschijning gisterenavond plotseling hadden zien opduiken in die andere wereld van het journaal.

Het voelde als jarig zijn. Er valt niets zinnigs over te zeggen, je hebt er niets voor gedaan, er valt ook niets aan je te zien, maar toch lijkt er een aura aan je voorkomen te zijn toegevoegd. Vandaag hoef je niets meer uit te leggen en niets te presteren, wie jou nu ziet, ziet je in het licht van een voorstelling. Opgetild uit de toevallige en tijdelijke sfeer van deze wereld, en neergezet in een sfeer waar de tijd geen vat op lijkt te hebben.

Maar aan deze tijdloosheid kwam plotseling een einde, toen ze me onverwacht een kritische vraag stelde. 'Waarom zwaaide je niet?' wilde ze weten. 'Had je de camera helemaal niet gezien of zo?'

En zoefff, weg was de aura. Ik had moeten zwaaien. Dat ik dat eigenlijk ook had gedaan durfde ik niet te zeggen, waarom weet ik niet.

Dat was toen. Toen de camera nog een ding was, en nog geen vanzelfsprekend verlengstuk van ons lichaam. Als je in die tijd het geluk had dat de god van de televisie zijn oog op je liet vallen, moest je natuurlijk wel zwaaien naar de mensen die op aarde televisie zaten te kijken. Maar als je vandaag indruk wilt maken laat je dat zwaaien wel uit je hoofd. Dan negeer je uit volle macht de camera en de uitzonderlijkheid van de situatie, en zorg je dat je gewoon jezelf blijft.

Omdat we zo gewend zijn geraakt aan het filmische en fotografische vastleggen, het vastgelegd worden en niet in de laatste plaats het verspreiden ervan, is het lastig te bedenken dat de camera ooit vooral werd ervaren als een artefact dat verwees naar een van ons onafhankelijk bestaande wereld, de wereld van de televisie. Maar inmiddels is de camera als uiterlijke verschijning vrijwel opgeheven in een innerlijke ervaring. Het is nauwelijks nog een object. Terwijl de oude fotografische kennis nog vooral het tastbare middel zelf tot onderwerp had – kennis van lenzen, van sluitertijd, ontwikkeltijd, negatieven et cetera (het meeste daarvan is met de digitalisering zinloos geworden) – bestaat onze primaire fotografische kennis nu uit de beheersing van een perspectief. Ik bedoel nu niet het lijnperspectief, maar een kijkhouding die zich voltrekt in de driehoeksverhouding tussen het model, de fotograaf en het beeld, of beter: tussen maker, acteur en beeld. Ieder mens ziet de wereld binnen deze drie-eenheid. Je weet hoe je door een lens moet kijken, hoe je moet acteren om als 'je natuurlijke zelf' over te komen, en welk beeld zal ontstaan.

Het is de vanzelfsprekende beheersing van dit drievoudig perspectief, waardoor er een voortdurend bewustzijn bestaat van het fotogenieke of filmische van een situatie. En dit bewustzijn dwingt ons gedrag in de mal van de gespeelde ongekunsteldheid. De wijze waarop we onszelf spelen heeft nog het meest weg van de figurant in een film. We weten: in de camera kijken of zwaaien verpest het beeld. Alleen bij voetbalwedstrijden of concerten in grote stadions, waar het gefilmde rechtstreeks binnen het stadion op een groot scherm verschijnt, zien we nog zwaaiers en gekke bekken. Maar kijken we naar het publiek van een willekeurige talkshow of naar de voorbijgangers in een straatshot dan zien we perfect geveinsde authenticiteit.

Tussen de foto's van onze trouwdag zit er ook één waar we het stadhuis uitlopen door een haag van mensen. Om me een houding te geven zwaaide ik net toen de fotograaf afdrukte. Een vriend lachte me uit toen hij de foto onder ogen kreeg. Of ik me een filmster waande op de rode loper in Cannes. En inderdaad, behalve zotten is het ook sterren toegestaan te breken met de ongeschreven regel je 'natuurlijk' te gedragen als er een camera meekijkt (zij zijn immers in de rol van ster zichzelf, en het handgebaar impliceert het publiek waardoor de sterrenstatus wordt verstevigd).

Maar door de reactie van de vriend merkte ik dat we de camera zo succesvol hebben geïnternaliseerd dat we zelfs vergeten dat om ‘natuurlijk’ over te komen wel de nodige camera’s en fotografen *kunstmatig* genegeerd moeten worden. Het onwillekeurig opsteken van een hand uit verlegenheid wordt als minder vanzelfsprekend beoordeeld dan het doelbewuste negeren van een cameraman of fotograaf. Niet de situatie, maar het beeld van de situatie heeft onze aandacht. Deze houding brengt ons ertoe dat we het leven uitsluitend op afstand bekijken. We bevinden ons vooral boven de wereld in plaats van in de wereld.

Door de informalisering van het openbare leven waarbij klasse-, leeftijd- en zuilgebonden sociale regels nauwelijks nog een rol spelen, zouden we haast over het hoofd zien dat er nog steeds een civilisatieproces gaande is, alleen richt zich dat op een heel andere vorm: de vorming van het natuurlijk overkomen, het authentiek jezelf zijn. Dit zelf is natuurlijk allerminst authentiek. Het is een kopie van een algemeen zelfbeeld. ‘Of denk je dat meisjes van elf uit zichzelf tien keer per dag hun hoofd achterovergooien en “Boooooring” roepen?’ vraagt Raoul Heertje in *Mark Rutte is lesbisch* (2011). ‘Tv zorgt voor oneindig veel voorbeelden, die wij dan weer kopiëren. En dat wordt dan weer gekopieerd van elkaar.’

Onder druk van het anonieme oog en door het zien van talloze voorbeelden van de ‘natuurlijke’ pose gedragen we ons of er daadwerkelijk voortdurend een anoniem oog meekijkt dat een beeld produceert dat we als figuranten niet mogen verpesten. Om ‘onszelf’ op deze ‘natuurlijke’ wijze te laten overkomen mogen we niet weifelen, verlegen zijn, schaamte tonen, hakkelen, te lang nadenken, dat is allemaal beeldverstorend. Een publieke ruimte waar schaamte niet mag worden getoond, ontkomt niet aan schaamteloosheid. En met het verdwijnen van terughoudendheid in de publieke ruimte gaat een constituerend element voor de sociale omgang verloren: verlegenheid en schaamte bieden immers een tussenruimte waarbinnen het mogelijk is van gedachten te veranderen en waarbinnen de noodzakelijke ambiguïteiten van een situatie aan het licht kunnen komen. Doordat het anonieme oog schaamte verbiedt en natuurlijkheid gebiedt is de publieke ruimte een theater van scènes geworden. Op dezelfde wijze als foto en film altijd alleen maar in staat zijn fragmenten te leveren die werden losgemaakt uit de stroom van een gebeurtenis, zo wordt het sociale leven nu onder dwang van het anonieme oog ook een verzameling fotomomenten.

Hoe kon de camera zo'n invloed hebben op de publieke ruimte en waarom bleef het niet alleen maar een registratiemiddel? Een begin van een verklaring is te vinden in *Camera Lucida*, het eerdergenoemde essay over fotografie van Barthes. Barthes wijst hierin op het essentiële verschil tussen schilderkunst en fotografie. Het beeld van een 'foto komt eigenlijk nooit los van zijn eigen referent'. Waar bij een schilderij het beeld een duidelijke representatie blijft van iets wat op een andere plek in de werkelijkheid *echt* bestaat, daar lijkt door de perfectie van het beeld van de foto, de foto niet iets anders te *representeren*. Voor het eerst in de geschiedenis van de waarneming lijkt de representatie even echt als wat het representeert. Het beeld van een foto wordt altijd alleen maar gematerialiseerd, schrijft Barthes, door het lichaam dat het zelf te zien geeft. Het schilderij daarentegen verwijst in haar vorm naar een buiten haar bestaand lichaam.

De mens heeft in het algemeen de neiging om de verschijningsvormen waarin zijn werkelijkheid zichtbaar wordt te zien als de werkelijkheid zonder meer – probeer een schilderij maar eens te zien als een losse verzameling verf – maar de eigenschap van het filmische en fotografische middel waar Barthes op wijst, waarbij het beeld niet lijkt los te staan van zijn referent (zelfs de representatie heeft voor zijn realiteit aan zichzelf genoeg!), maakt het helemaal lastig om ons voortdurend bewust te zijn van de bemiddeling ervan. Zelfs als we weten dat een beeld een representatie is. Ik herinner me de geluidloze 8 mm-film die mijn vader maakte rond mijn geboorte, waarop onze tante Dien met haar rode 2CV achteruit de helling van ons grindpad afdraait. Altijd als wij in onze pyjamaatjes op de bank de korte scène over het projectiescherm voorbij zagen trekken, ging er lichte huivering door de verduisterde woonkamer. Zelfs mijn vader kon zich bij het afspelen niet aan de indruk onttrekken dat we door het ratelen van de projector heen het tweecilinder motortje van de rode Eend hoorden brommen en bij het remmen kon je als je goed luisterde de banden horen knerpen in het grind.

De schijn en de tragiek van onmiddellijkheid waarover de foto beschikt, trof me het meest toen mijn moeder mij als veertienjarige op een zondagmiddag een zwart-witfoto toonde van haarzelf toen ze zeventien was. Ik was totaal in verlegenheid gebracht, omdat ik haar knapper vond dan alle meisjes uit mijn klas. Maar het bracht me ook in verwarring, niet in freudiaanse zin, integendeel, ik vond het een onbegrijpelijk idee dat ik, die mijn moeder zo goed kende, nota bene uit haar geboren was, haar nooit zo zou kennen als ik haar nu in zwart-wit voor me zag.

Dat we de wereld het liefst *onmiddellijk* willen, niet met tussenkomst van een of ander medium, ligt niet aan ons ongeduld, maar is een gevolg van de paradoxale logica van het middel in het algemeen. Een middel dient een doel en is als middel beter geslaagd naarmate het gemakkelijker tot het doel leidt. Hoe beter het werkt hoe minder het middel in het oog springt. De logica van het middel vraagt erom zichzelf op te heffen. Maar zal het middel zich ooit helemaal opheffen in onmiddellijkheid? Krijgen we de wereld ooit te zien zonder voorstelling van de wereld, meteen tot op het bot?

Zodra de middelen beter worden verliezen de oude media hun

schijnbare onmiddellijkheid. De videorecorder heeft bijvoorbeeld zijn magie verloren. In vergelijking met de huidige techniek *bemiddelt* dit middel voor ons gevoel niet meer, maar staat in zijn traagheid tussen ons en de werkelijkheid in. De nieuwe media daarentegen laten ons *life* en *realtime* toe tot de echte wereld binnen in de uitdijende tovercirkel – waardoor we ons allemaal op het kruisje op de kasseien wanen.

De ontwikkeling van de camera toont een voorbeeldige perfectionering van het middel. In de negentiende eeuw kon de camera obscura de grootte van een huis hebben, met de lichtgevoelige plaat werd het vastleggen van beeld mogelijk. Alleen stilstaand kon een tafereel worden gefixeerd door een fotograaf die in zekere zin nog in de donkere kamer kroop met een zwarte doek over zijn hoofd. Uiteindelijk paste het duistere kamertje in het toestel zelf. Fotograaf en model krijgen steeds meer bewegingsvrijheid. En met de digitale camera verdwijnt zelfs ook de alchemie van de donkere kamer. Het middel is dan bijna volledig transparant: *what you see is what you get*. En met het onmiddellijke plaatsen van het beeld op internet lijkt het middel als ding te zijn opgelost.

Deze transparantie wekt de suggestie dat we de dingen zo dicht zijn genaderd dat we ermee zelfs raken aan het *Ding an sich*, van Kants beroemde onderscheid tussen het ding en het ding-op-zichzelf. Waarbij het ding staat voor de werkelijkheid zoals we deze ervaren en het ding-op-zichzelf als de werkelijkheid die zich aan al onze voorstellingen onttrekt, de werkelijkheid die buiten onze categorieën van tijd en ruimte bestaat. Maar het is natuurlijk schijn dat we de werkelijkheid-op-zichzelf ooit dichter kunnen naderen. De mens kan nu eenmaal geen voorstelling maken zonder deze in een ruimte en een verloop van tijd voor te stellen. We kunnen hooguit vragen: 'Waarom is er iets en niet veeleer niets?' Een vraag die weliswaar onbeantwoord blijft, maar als vraag de deur op een kier zet en ons een blik lijkt te gunnen op het bestaan van de werkelijkheid buiten ons eigen voorstellingsvermogen. Dit ding-opzichzelf moet we niet buitenaards lokaliseren en zelfs niet buiten onszelf, want de noodzakelijk blinde vlek van ons voorstellingsvermogen laat ons ook in het duister tasten over dit voorstellingsvermogen zelf. We kunnen de wereld proeven, ruiken, voelen en zien, maar we kunnen niet onze smaak proeven, onze reuk ruiken, onze tastzin voelen, noch onze blik zien.

Dat we de grootste moeite hebben ons neer te leggen bij deze noodzakelijke blinde vlek blijkt bij de uitvinding van ieder nieuw medium. We verwachten dat dit middel nu toch eindelijk licht werpt op dat deel van de werkelijkheid dat al die tijd verborgen bleef. Deze valse hoop treffen we vandaag de dag het opvallendst aan in de hoge verwachtingen die er aan de breinwetenschappen worden gesteld. We kijken naar de neurowetenschapper met zijn MRI-scanner als naar een waarzegger die in zijn glazen bol het denken achter ons denken en het voelen achter ons voelen gaat blootleggen.

Deze neiging onthult ook hoe lastig het is om de aard van het menselijk verlangen bloot te leggen. Terwijl we verwachten dat het middel ons dient om ons verlangen te vervullen – het verlangen dat niets anders wil dan onmiddellijk contact met het verlangde – blijft het middel natuurlijk altijd tussen ons en de wereld-op-zichzelf in staan.

En door het staren naar onze eigen blinde vlek zien we niet dat al onze beeldproducerende middelen de wereld die we wel kunnen ervaren inmiddels volledig heeft veranderd.

Op 2 oktober 2011, bij de zestigste verjaardag van de Nederlandse televisie, haalde mediahistoricus Henri Beunders in dagblad *Trouw* de profetische woorden uit 1951 aan van staatssecretaris Cals van Onderwijs, Kunsten en Wetenschappen: ‘We leven in een nieuwe overwinning des geestes. Wij leven in een mechanische tijd. Bij revoluties op technisch en economisch gebied, is er nu evenzo een omwenteling op het culturele en morele, op het ideologische terrein gekomen. Het leven wordt meer en meer beheerst door de techniek, niet alleen tijdens het arbeidsproces, doch ook en zélfs in de recreatie. Wij hebben thans massa-arbeid en massarecreatie en moeten er voor zorgen dat de techniek een middel blijft en niet een doel op zichzelf, anders zou het automatisch de dood van de cultuur kunnen betekenen. De regering is zich ten hoogste bewust van haar verantwoordelijkheid in deze en heeft slechts in déze concessie verleend aan de Nederlandse Televisie Stichting.'

Profetisch vond Beunders de woorden niet. Integendeel, hij vond de 'ronduit zorgelijke en vermanende woorden' typische angsthazerij van een utopist. Want volgens Beunders heeft Cals geen gelijk gekregen, de wereld is immers niet ten onder gegaan aan de televisie. Er is nog steeds een wereld en er wordt nog steeds uitgezonden.

De mediahistoricus blijkt blind voor de werking van het medium. 'We hebben nog steeds de werkelijkheid, en we hebben de televisie, en die kunnen tamelijk goed naast elkaar bestaan.' Hij denkt dat er een werkelijkheid op zichzelf bestaat los van de middelen waarmee we ons de werkelijkheid voorstellen. 'Cals en al die utopisten van de afgelopen millennia, hadden een doel voor ogen: de betere mens, de betere maatschappij. Maar de televisie heeft niets veranderd.'

Nietzsche zou zeggen dat Beunders is 'zoals de schare denkers die het leven uitsluitend op afstand bekijken'. Hij ziet alleen de plaatjes als hij aan de geschiedenis van de televisie denkt. Hij ziet 'de watersnoodramp, (...) de moord op Kennedy, de landing op de maan, de autoloze zondag, de val van de Muur, de eerste Golfoorlog'. Hij ziet de televisie als een neutraal registratiemiddel. Hij probeert aan de geproduceerde beelden af te lezen of de mens is veranderd, maar vergeet dat geen middel kan bestaan zonder de mens te veranderen. Hij vergeet dat niet de vervulling van ons verlangen, maar het verlangen zelf nieuwe zin geeft aan het leven.

6

Wij zijn en wij zijn niet

Verlangen naar gemeenschappelijkheid

Ik was onderweg van Amsterdam naar Zutphen. Ergens halverwege station Utrecht en station Arnhem in een comfortabel eersteklasrijtuig van de ICE richting Frankfurt, scrolde ik op mijn iPhone door de Facebookupdates en stuitte op de aankondiging van een reünie in een kroeg in Zutphen enkele weken later. 'Reünie voor 35+ van Baudartius en Spaan,' las ik. 'Feest vanaf 21.00 uur tot 2 uur.' Het Baudartius was de naam van mijn middelbare school in Zutphen, De Spaan de naam van het café waar ik de laatste jaren de meeste lesuren doorbracht. 'Leuk, ik probeer er te zijn,' liet ik achter als reactie en ik wierp meteen een snelle blik op de andere reacties. De Facebookpagina toonde generatiegenoten van ook andere Zutphense scholen en uit andere lichtingsjaren. Na een tijdje ontdekte ik dat ik de meeste gezichten van deze digitale smoelenboekpagina niet eens kon thuisbrengen. Twintig jaar voordien verloor je eenvoudig oud-klasgenoten uit het oog die in dezelfde stad waren gaan studeren, een jaar of tien daarna was ik nog verrast dat een oude schoolvriend me via het internet op het spoor was gekomen – 'Hoe heb je me gevonden?!' – en nu stond ik zonder enige moeite van wie of wat dan ook opnieuw in contact met iedereen van vroeger. Iedereen en meer, zelfs met de mensen die zonder dat ik het wist hetzelfde verleden deelden. Hetzelfde verleden, maar een andere geschiedenis.

In Arnhem stapte ik over op de trein naar Zutphen. Daar ging ik naar een verjaardagsfeestje van een vriendin van vroeger die had besloten op haar veertigste haar verjaardag maar weer eens te vieren. Ik kende haar uit café De Spaan en had haar al jaren niet meer gezien.

Op dagen dat toevalligheden zich opstapelen merk je de grote rol die je verbeeldingskracht speelt bij het simpelweg alleen *zien* van de wereld. De toevalligheden, hoe willekeurig ze in werkelijkheid ook zijn, worden meteen met elkaar in verband gebracht. Als je niet al te sentimenteel van aard bent komt het verstand meteen in opstand. We zeggen dan tegen onszelf dat het gewoon toeval is.

Maar wat deze verstandigen doorgaans ontgaat, in de vele gevallen dat het toeval zich niet opdringt, is dat de verbeelding zelf onophoudelijk verbanden legt tussen de meest uiteenlopende zaken die zich aan ons voor doen. Dat onze argeloze blik op de wereld al een zingevende blik is.

Gelukkig maar, want ik moet er niet aan denken dat de verbeelding alles wat ons voor ogen komt eerst als een keuze voorlegt aan het verstand voor zij er een zekere vorm in aanbrengt. We treden de wereld tegemoet zoals we een schilderij zien, of een muziekstuk horen. We nemen onmiddellijk een vorm waar, een vorm die noodzakelijk een andere uitsluit, en door deze vorm verschijnt dan dat wat we de realiteit noemen. Zoals we in de tekening van de Amerikaanse psycholoog Joseph Jastrow (1863-1944) moeten kiezen tussen een eend óf een konijn, ook al zijn beide figuren erin te zien. Zouden we niet zo te werk gaan, dan zouden we al bij het kleinste schilderijtje iedere lik verf afzonderlijk moeten afgaan en een voor een moeten kiezen welke spat wel en welke niet tot onze orde mag toetreden, voordat we deze tot het uiteindelijke beeld brengen. Zonder het globale overzicht van de verbeelding zouden we geen stap in de chaotische wereld durven zetten.

Maar het toeval vroeg deze avond weer veel van het verstand. De weg naar Zutphen had ik de laatste jaren vooral afgelegd vanuit het noorden, waar ik woonde. Het traject uit het westen dat ik nu afgelegde hoorde bij een andere tijd. De tijd waarin ik nog in deze omgeving woonde en naar school ging. Ik legde mijn telefoon even weg en keek uit het raam.

Een vreemd soort interesse gaat er schuil achter het kijken naar het landschap waar je bent opgegroeid. Ergens hoop je een verandering te ontwaren in het ingesleten beeld. Een zo klein mogelijke verandering, want alleen de kleinste verandering bevestigt als uitzondering het vertrouwde beeld. Het vertrouwde beeld wordt er bovendien door verstevigd, want alleen verandering kan ergens het gewicht van de tijd aangeven.

Ik staarde door het raam en mijn jeugd trok voorbij. Maar het venster van de trein ontdeed de herinneringen van hun chronologie en plaatste ze in een panorama naast elkaar. De heuvels van de Posbank waar ik met de racefiets kwam, het station in Dieren waar ik stiekem een lift naar school nam om van het treingeld die middag in De Spaan te kunnen *poolen*, de Baankstraat net voor de uiterwaarden waar ik als brugklasser met wind tegen met moeite vooruitkwam.

Zo raakte ik in verwarring. Mijn verbeelding leverde zoveel beelden tegelijk (de jeugdherinneringen in het landschap, het feest waarnaar ik onderweg was, de digitale uitnodiging voor de Zutphense reünie een paar weken later), dat mijn verstand uit meer dan alleen een eend en een konijn moest kiezen. En toen ik een halfuur later ineens herinneringen stond op te halen met twee vergeten ex-vriendinnen, leek het of er een kleine sprong in de tijd was gemaakt. Ik dacht even dat ik al op de reünie was beland die pas voor over enkele weken stond aangekondigd.

Vele herinneringen en een paar glazen wijn verder bleek er een steeds groter verschil tussen de twee exen: de een had een smartphone, de ander een ouderwetse gsm. Degene met de smartphone bleef maar vragen of ik me Herman nog kon herinneren en Peter, en Helga en Hans, en telkens als ik m'n schouders ophaalde ging haar duim woest over de Facebookcontacten op het schermpje van haar iPhone en toonde ze me de foto's van de vergeten oude contacten, meestal inclusief hun nieuwe kinderen. Mijn verwarring werd nu zo groot dat ik zelfs even het gevoel kreeg dat ik zelf een digitale existentie werd van Facebook; alsof ik aanklikbaar werd.

Gelukkig haalde de andere ex me uit dit angstaanjagende fantasma. Na de korte aanloop waarin we herinneringen ophaalden raakten we in een gesprek over van alles, het onderwijs, kinderen opvoeden. Kortom, ons gesprek kreeg de vorm van een heel gewone conversatie voor ouders met jonge kinderen. Slechts één keer haalde zij de oude Nokia uit de zak van haar spijkerbroek, maar dat was om een oproep weg te drukken.

Waaruit bestaat ons contact met de wereld? Is het materieel? Dat moet haast wel, waaruit bestaat het anders? Maar uit welke consistentie is dit contact dan gesmeed? Ik vraag dit omdat de verbondenheid die je kunt voelen met een landschap een heel ander soort verbondenheid lijkt dan de band die je met een persoon hebt, bijvoorbeeld tijdens een gesprek.

Maar is het contact in het sociale verkeer iets heel anders dan het contact dat we hebben met de wereld door middel van ons geheugen? We zijn geneigd te denken van wel: een herinnering zit in ons hoofd en een gesprek voltrekt zich daarbuiten.

Maar in hoeverre zit een herinnering in ons hoofd? Een herinnering is niet echt een uitstapje uit de wereld om via een venster een kijkje te nemen in de oude wereld. Nooit stappen we uit onze tijd en plaats. En zelfs in onze scherpste herinnering stappen we niet in de tijd en plaats van de oude wereld, zonder onszelf mee te nemen. De herinnering die ik nu aan mijn eerste zoen heb, is zonder dat de feiten zijn veranderd, toch een andere herinnering dan toen ik er als student nog eens aan terugdacht.

En in hoeverre voltrekt een gesprek met de ander zich juist buiten mijn hoofd, buiten mijn eigen solipsisme? Als je het gevoel hebt dat de ander je begrijpt, dan ga je er voetstoots van uit dat deze verstandhouding een grotere objectiviteit heeft dan de onzichtbare band die het geheugen heeft met een landschap. Pas als je het gevoel hebt niet te worden begrepen, merk je hoe weinig je hebt aan de vermeende objectiviteit van een gesprek. Je probeert andere woorden, een andere toon, een ander voorbeeld, maar soms slaag je er gewoon niet in om wat er in je omgaat met een ander te delen – je kunt het in ieder geval nooit checken, anders dan door te vragen of hij je begrepen heeft, en dan zit je opnieuw met woorden.

Dus waaruit bestaat dan eigenlijk ons contact met de wereld?

Door de golf aan herinneringen en aan updates die via het schermpje van de smartphone over me heen rolde raakte ik elk houvast kwijt in mijn blik op de wereld. Geen punt, zelfs geen contrapunt waar ik me op kon richten. Wie hoorde bij mij en wie niet? Het sociale medium waarmee de ex-vriendin mij met andere levens probeerde te verbinden, stelde op het schermpje de wereld als een ordelijk overzicht aan me voor. Een overzicht dat zonder de tussenkomst van mijn verbeeldingskracht glasheldere beelden opleverde – foto's van meestal gelukkige situaties, met of zonder gezin.

Ik besefte in een opkomende walging dat ik het overzicht op mijn wereld niet zozeer kwijt was geraakt, maar dat zo'n overzicht bij ieder mens ten enenmale ontbreekt – zowel over het verleden, als over het heden.

We kijken altijd door de ogen van het geheugen naar de tegenwoordige tijd. Mijn eigen verhaal van het verleden verbindt mij met de actuele wereld. Met de ogen van dit historisch heden blikken we vervolgens weer terug in de verloren tijd. Dan weer heen en dan weer terug, en zo verder. Het is een raadsel hoe we gevangen in dit droste-effect toch nog een vast punt menen te hebben waarop we staan en vanwaar we de wereld waarnemen als een orde.

Nostalgie is de pijn die hoort bij het verlies van een thuis – het Griekse *noostol* betekent thuiskomst en *algia* staat voor droefheid, pijn of lijden. Het is in iedereen aanwezig, want het thuis van de menselijke ziel heeft geen vaste grond onder de voeten. We zijn niet alleen altijd al vertrokken uit het verleden, het verleden verandert voortdurend van vorm. In de duistere woorden van Heraclitus: 'In dezelfde rivieren treden wij en treden wij niet, wij zijn en wij zijn niet.' Nostalgie is de misleidende gemoedstoestand die alleen met de ogen van het verleden naar het heden kijkt zonder te beseffen dat het verleden alweer van vorm is veranderd.

We zijn geneigd het heden voor te stellen als het nulpunt op de horizontale as tussen het gekende verleden en de ongewisse toekomst, of als een punt dat schuift op een lijn van links naar rechts – zoals het schrift ons dwingt te gaan – maar het heden lijkt eerder een emulsie van de twee onmengbare stoffen, die we voor het gemak aanduiden met toekomst en verleden. De mens is een emulgator die met zijn verhalend vermogen de olie van het verleden met het aanrollende water van de toekomst tot een geschiedenis bindt. In dat proces wordt nooit een heus geheel bereikt. En dat verheldert misschien de even duistere evocatie van Heraclitus: 'De grenzen van de ziel zul je niet gaandeweg kunnen ontdekken, ook al bega je iedere weg: zo onuitputtelijk is wat zij te verklaren heeft.'

Toch zijn we ergens, en zijn we ergens thuis. En dat kan de mens aan niets anders te danken hebben dan aan zijn verbeeldingskracht, die vormen produceert in muziek en verhalen, die als een boot de stroom van de tijd voor even kan volgen. Niet alleen de geschiedenis (mijn verhaal van het verleden), maar ook de toekomstdroom is zo'n boot.

Maar zoals fantasie soms tot een grootse uitvinding leidt, en soms tot waanzin, zo helpt een toekomstdroom je in het beste geval vooruit, in het slechtste geval raak je erdoor geïsoleerd in je eigen irreële verwachtingen. En dan ligt de thuisloosheid opnieuw op de loer.

Zo had ik tijdens het tweede jaar van mijn studie filosofie het gevoel dat mijn nieuw verworven zelfstandigheid steeds meer op eenzaamheid begon te lijken. Ik studeerde in Amsterdam, en woonde in Utrecht. Iedere dag nam ik de trein naar het Amstelstation en daarna de metro richting Waterlooplein. En dat was toen een heel andere ervaring dan vandaag – er waren nog geen mobieltjes en smartphones. De openbare ruimte werd niet begeleid door de vele parallelle werelden waarin de reiziger zich vandaag de dag bevindt. Mensen waren toen in gesprek of in gedachten, maar altijd in hetzelfde sociale medium – de trein.

Hoe dan ook, bij de Stopera kwam ik bovengronds in de stad van mijn dromen en stak de gracht over richting de faculteit. En daar midden op de brug zat dan steevast dezelfde man met zijn gitaar liedjes van Bob Dylan te zingen. Hij had een vaste hand en een doorrookte stem. Omdat ik op mijn Utrechtse studentenkamer dezelfde liedjes tokkelde identificeerde ik mij met deze dagelijkse verschijning, maar ik keek ook tegen hem op. Hij durfde dat toch maar: zingen voor een wildvreemd publiek in de grote stad. En leefde daar bovendien zelfs van. Dát was vrijheid. Om niet zijn aandacht te trekken gooide ik alleen zo nu en dan in het voorbijgaan een munt in zijn pet.

Maar op een dag begonnen het dagelijkse ritueel, zijn stem en het eenzijdige repertoire me tegen te staan. De stille bewondering sloeg om in afschuw, eerst voor hem met zijn lange ongewassen baard en altijd diezelfde kleren, en toen voor zijn vermoedelijk eenzame en onvrije lot. Was hij aanvankelijk de spiegel van mijn gedroomde leven geweest, nu weerspiegelde hij de eentonigheid van mijn bestaan, iedere dag boven de boeken, iedere dag alleen in de drukte tussen Amsterdam en Utrecht, iedere dag hetzelfde liedje. De grote verwachtingen die ik had van het studentenleven, werden door mijn dagelijkse aankomst in de hoofdstad ook elke dag opnieuw aangewakkerd. De hectiek die vanaf het moment dat ik op de fiets stapte naar het station, gestaag toenam, eerst in de volle trein en dan in een nog vollere metro, had iets weg van aanzwellend tromgeroffel, de stilte van de Stopera leek het tussenspel van de hobo en net als het koper en de violen het thema van de historische binnenstad zouden inzetten, zat daar weer die eenzame kerel aan de snaren van zijn countrygitaar te plukken.

Volgens Aristoteles (384-322) is de mens een politiek dier, een *zôon politikon*. Vandaag de dag denken we dan aan iemand die zich met hart en ziel onderdompelt in de politieke arena van debatzaaltjes, het parlement, en in televisie- en radiostudio's. Maar de politieke dieren van Aristoteles zijn álle talige wezens in een gemeenschap die aanspraak maken op de rechtvaardigheid van de gemeenschap. Een geheel dat volgens hem voortdurend onder druk staat door het buitenbeentje dat 'niet in staat is deel te nemen in een gemeenschap, of daaraan geen behoefte heeft omdat hij zichzelf genoeg is'. In het beste geval is dat God, maar in de meeste gevallen tref je een beest, zegt Aristoteles. En 'wie zo is is ook agressief: hij is als een alléén opgerukte steen in het damspel'.

Een mooie beeldspraak, maar op onze samenleving niet meer zomaar van toepassing. Want een opgerukte damsteen is machtig, doet wat hij wil en heeft lak aan wat de gemeenschap ervan denkt. Onze cultuur heeft veel meer te lijden aan een andere schaamteloosheid. Niet de schaamteloosheid die ontstaat door de provocatie van schaamte, maar de schaamteloosheid door het taboe op schaamte. Dit taboe heeft zijn oorsprong in het idee dat we meer onszelf zouden zijn als we ons niet zouden schamen, als we konden doen wat we *echt* willen. Maar deze plicht tot authenticiteit vraagt natuurlijk veel van een mens. Hij moet in staat zijn voor zichzelf uit te komen zonder buiten de groep te vallen. Hij moet zich onderscheiden door originaliteit, kortom ergens in uitblinken of afwijken zonder zich daarvoor te schamen.

Schaamte loodst je doorgaans door de hachelijkste situatie heen, aangezien schaamtevol gedrag vrijwel onmiddellijk medelijden en compassie wekt. Maar als schaamte niet langer gewaardeerd wordt, dan missen we in de openbare ruimte ineens een belangrijk communicatief instrument, en treden we soms liever helemaal niet voor het voetlicht.

Het taboe op schaamte kan er zo voor zorgen dat we ons steeds vaker terugtrekken uit de gemeenschap, alleen niet zonder 'zichzelf genoeg' te zijn, zoals Aristoteles stelt, maar om niemand tot last te zijn. Dat is het moment waarop bescheidenheid in haar tegendeel kan omslaan. Want als je uit bescheidenheid geen spel wilt meespelen, word je een spelbreker. En dan liggen alle andere damstenen er ook verloren bij.

In 2007 werd op basis van 25 jaar sociologisch onderzoek een schatting gedaan naar het aantal eenzamen in Nederland en daaruit bleek dat dertig procent van alle volwassen Nederlanders eenzaam is, en tien procent zeer eenzaam. Dat zijn maar liefst drie en een half miljoen eenzamen, waarvan ruim een miljoen ernstige gevallen. Wie met het idee speelt een politieke partij te beginnen raad ik aan deze groep eens wat beter te onderzoeken.

Maar dat is nog niet zo gemakkelijk. Dat benadrukken ook de sociaalwetenschappers Theo van Tilburg en Jenny de Jong Gierveld, de auteurs van *Zicht op eenzaamheid* (2007), waarin de resultaten van het eenzaamheidsonderzoek werden opgenomen. 'Eenzaamheid is een subjectief verschijnsel. Het gaat om een persoonlijke beleving.' Het komt voor 'onder jonge en oudere mensen, onder zieke en gezonde mensen, onder mannen en onder vrouwen. Eenzaamheid kun je niet zomaar aan iemands gezicht aflezen.' Bovendien zullen mensen door het taboe op eenzaamheid 'niet snel toegeven dat zij eenzaam zijn'.

De Nederlandse actrice Georgina Verbaan deed een poging te breken met dit vermeende taboe. Aan persbureau Novum liet ze weten al vaak in haar leven eenzaam te zijn geweest. 'Mensen gingen ervan uit dat het goed met me ging, maar dan dacht ik: nee het gaat helemaal niet goed. (...) Die discrepantie tussen de buitenwereld en wat je voelt is dan best wel pijnlijk.' Verbaan deed de confessie tijdens het Nederlands Filmfestival in 2011 bij de promotie van de Nederlandse film *Lotus*, een film over de eenzaamheid van de moderne stad.

'Het is iets wat heel erg breed leeft,' verklaarde ook de scenarioschrijver Philip Delmaar in een interview met de RKK. En juist in onze tijd vindt hij het taboe erop schrijnend, 'want er zijn onwijs veel manieren om met elkaar te praten. We communiceren heel veel, en toch...'

Maar kunnen we door te communiceren uit het 'subjectieve verschijnsel' komen dat eenzaamheid is? Ook hier speelt de vraag weer op waar de buitenwereld begint en de persoonlijke beleving eindigt.

En juist deze vraag mijdt het sociaalwetenschappelijk onderzoek in *Zicht op eenzaamheid*. 'Eenzaamheid is de uitkomst van de persoonlijke waardering van een situatie, waarin bestaande relaties worden afgewogen tegen de wensen of standaards die men ten aanzien van relaties heeft.' Ik houd niemand tegen die de vorige zin nog een keer wil lezen, maar feitelijk staat er: we zijn eenzaam omdat ons leven niet voldoet aan onze verwachtingen. Wat hebben we aan zulke conclusies waar de *ervaring* van eenzaamheid zelf achterwege blijft en waar een diagnose wordt gedaan zonder enig zicht op een behandeling van de eenzame patiënt? Moeten we nu onze individuele verwachtingen bijstellen? De algemene standaard aanpassen? Of moeten we gewoon meer contact maken met mensen die de relatiestandaard niet halen? Birgit Schuurman, de actrice die ook een rol heeft in *Lotus*, probeert het laatste in elk geval. 'Ik merk dat ik na de film meer stilsta bij eenzame mensen op straat en dat ik ze ook aanspreek.'

Volgens de Duitse filosoof Jürgen Habermas (1929) zijn zulke sociaalwetenschappelijke onderzoeken de pathologische bijwerking van een maatschappij waarin de alledaagse leefwereld te veel onder druk is komen te staan van een 'systeem' dat wordt bepaald door markt en wetenschap. Hij heeft geen problemen met dat systeem zelf, het leidt zelfs tot grote verworvenheden, maar als de leefwereld niet beschermd wordt tegen dit systeem hebben we wel een probleem. In het systeem bepalen op anonieme wijze bureaucratie en economie hoe onze wereld eruitziet, terwijl de alledaagse leefwereld steunt op een uitwisseling van authentieke, niet-kwantificeerbare gevoelens en bestaande sociale normen.

Behalve dat het systeem kan bijdragen aan een omgeving die de moderne burger een gevoel van onherbergzaamheid kan geven, produceren de vele sociaalwetenschappelijke onderzoeken de gevoelens en normen die eigenlijk in het gesprek van de leefwereld tot stand zouden moeten komen. Ze nemen de temperatuur van de patiënt ('in Nederland zijn 3,5 miljoen mensen eenzaam', of 'we scoren een 7,6 voor geluk', et cetera), en zeggen dat we lijden aan een kwaal.

Maar eenzaamheid is geen kwaal. In elk geval niet een waarvan we kunnen genezen. Ze is even onuitroeibaar als de dood en we moeten er dus mee zien te leven. Eenzaamheid is geen gebrek aan gemeenschappelijkheid. Eenzaamheid is de schaduw van ons verlangen naar harmonie. Of zoals Wisława Szymborska dichtte in 'Het moment' uit 2002:

'Alles is op zijn plaats, in voorbeeldige harmonie.
In het dal een kleine beek, die een kleine beek is.
Een paadje in de vorm van een paadje van altijd naar immer.
Een bos met de schijn van een bos tot in de eeuwigheid amen,
Boven mij vliegen vogels, in de rol van vliegende vogels.'

We hebben de verbeelding nodig om in de altijd voortschrijdende tijd toch dat moment vast te houden. 'Een van die aardse momenten / die men vraagt: ga niet voorbij.'

De gemeenschap kan nooit helemaal in de plaats komen van de eenzaamheid, omdat het een substituut is voor het verlangen samen te vallen met tijd en ruimte. Dat wil niet zeggen dat we ons eenzame lot niet wat dragelijker kunnen maken natuurlijk, maar als we het als een te genezen kwaal voorstellen, dan gaan we ook de verkeerde medicijnen voorschrijven.

'Als ik louter op mijn sentiment afga,' schrijft Cornelis Verhoeven over de betekenis van het woord eenzaamheid, 'en mij laat leiden door opgelegde sociale gevoelens, hoor ik bij het woord "eenzaam" alleen maar zware klanken en zie ik uitsluitend donkere kleuren. Het wordt dan ook vrijwel altijd gebruikt in een context van louter somberheid en zieligheid, want wie eenzaam wordt genoemd, is afgesloten van de voedende wortels die in de gemeenschap liggen.'

Het hoort, vervolgt Verhoeven, tot de onuitgesproken overtuigingen van de samenleving, 'dat iemand die alleen is, zich ook in de sombere zin van het woord eenzaam gaat voelen en vanuit die positie gaat hunkeren naar gemeenzaamheid en gezamenlijkheid (...) Vanuit deze overtuiging moet het woord "eenzaam" wel zijn donkere en bijna tragische klank en kleur hebben gekregen.'

Ook Birgit Schuurman laat zich leiden 'door opgelegde sociale gevoelens' in haar voornemen om eens wat vaker stil te staan bij eenzame mensen en ze ook aanspreken. Gevoelens die geproduceerd zijn door een systeem van markt en wetenschap en niet zijn voortgekomen uit de leefwereld. Met zulke barmhartigheid is het dan ook gauw weer gedaan. Niet omdat Schuurman zich dit niet oprecht voorneemt, maar omdat de leefwereld nu eenmaal niet is opgewassen tegen de krachten van zo'n systeem.

Eenzaam 'is niet degene die toevallig een tijdje numeriek alleen is, niet in gezelschap van anderen,' schrijft Verhoeven, 'maar iemand die definitief en principieel samenvalt met die positie, ofwel omdat hij buiten de gemeenschap en haar vanzelfsprekendheden staat of omdat hij via de kronkelingen van zijn eigen reflectie (...) zich heeft verzoend met het feit dat hij onherroepelijk uniek en onverwisselbaar is. Dat betekent eenvoudig dat iedereen die iemand is, daardoor ook eenzaam is en zich daar in meerdere en mindere mate bewust van kan worden en ermee instemmen.'

Wat walging wekt en wat aantrekt ligt dicht tegen elkaar. Wat afschrok in de straatmuzikant op de brug bij de Stopera was dat hij buiten de gemeenschap en haar vanzelfsprekende geschiedenis leek te vallen, maar wat lonkte was zijn verzoening met het lot van de mens, die nooit met zekerheid kan zeggen of zijn persoonlijke beleving daadwerkelijk aan een wereld buiten hem raakt.

7

Niets bedrieglijkers dan genot

Verlangen naar een ander

Een van mijn eerste herinneringen begint tamelijk abrupt. Op het plein van de kleuterschool vlak naast de zandbak lig ik op mijn rug en boven op me zit Nina Smitskamp. Ze zit voorovergebogen naar mijn gezicht, haar dijbenen strak tegen mijn ribben geklemd en haar nagels in het zachte vlees van mijn polsen. Ik weet niet waarom ze er zit, ik weet wel dat ze mijn vriendinnetje is. En ik geloof niet dat ik dit achteraf bedenk. Het besef is onderdeel van de herinnering. Natuurlijk weet ik dat het geheugen een van de grootste bedriegers is, maar in deze herinnering is het schurende zand op mijn wangen niet te scheiden van de verbazing dat zij mijn vriendinnetje is. Ik bedenk op het hoogtepunt van de vernedering (die zo vernederend was *omdat* ze mijn vriendinnetje was), dat ik helemaal niet weet hoe we ooit vriendje en vriendinnetje zijn geworden. Het plotselinge geweld moet me bewust hebben gemaakt van de verhouding die we blijkbaar normaal gesproken hadden.

Hier eindigt de herinnering, maar voor zover ik weet was dit niet het einde van onze kleuterliefde. Ik kan me zelfs voorstellen dat het vechtpartijtje deze heeft verstevigd. Waarschijnlijk was de liefde ons ingefluisterd door onze moeders, die naam gaven aan het toevallige feit dat we veel met elkaar speelden. Een naam die net als je eigen naam een hoop tegenstrijdigheden en bijkomstigheden tot een geheel smeedt, tot een voorstelling. En de voorstelling dat Nina en ik bij elkaar hoorden, werd misschien pas nu invoelbaar voor onszelf. Al lijken de ruzietjes van kleine kinderen even snel vergeten als een regenbui op een warme zomerdag, in de kortstondige verwijderingen worden wel de eerste contouren van karakters geschetst. Ruzie, in elk geval op jonge leeftijd, draagt bij aan de individualisering. De ander wordt een ander. Ik had aan den lijve gevoeld dat 'mijn' Nina een eigen wil had, die afweek van de mijne. De band die ons eerst alleen was aangepraat was nu een band tussen twee eigen willen.

Gevoelens van vriendschap en liefde bevestigen in alle gevallen ook altijd een verschil. Hoe gelijkgestemd we ook zijn, we kunnen ons alleen in een ander verplaatsen als we de ander tegelijkertijd als volstrekte ander erkennen. En dat is minder theoretisch dan de opmerking doet vermoeden.

Juist in een huwelijk zorgt de veronachtzaming van dit verschil nogal eens voor spanning. Sleur komt niet zelden voort uit het geluk van eensgezindheid. Als twee hoofden vol zitten met vrijwel dezelfde dagelijkse beslommeringen en als we de ander aanvoelen alsof we het zelf zijn, dan komt de eigen wil vroeg of laat in opstand. Sleur is het begin van dit verzet.

Liefde en sleur zijn gevoelens die het menselijk drama bijna evenveel kenmerken als verhullen. Sleur appelleert aan ons gevoel van vrijheid en onafhankelijkheid, de liefde juist aan de onophoudelijke wil ons te binden aan een ander. Maar het geslinger tussen deze condities verhult een van de ongemakkelijkste waarheden over het bestaan: nooit zullen we een ander zijn. En ook deze constatering lijkt theorie, vooral omdat we over het algemeen liever niet een ander willen zijn, althans niet zonder ons zelf te willen meenemen. We willen misschien het uiterlijk, het geluk en het doen en laten van een ander overnemen, maar nooit zijn hele bestaan – dat het mijne nota bene uitsluit. Het is haast ondenkbaar: 'ik' kan immers niet willen jou te zijn, want wanneer is dit verlangen bevredigd? Je kunt er in elk geval niet zelf bij zijn. Een suïcidaal soort wens.

In het essay 'Zielsverhuizing' noemt Rudy Kousbroek 'de onmogelijkheid om iemand anders te worden' als 'een van de ernstigste nadelen van la condition humaine'. Kousbroek memoreert dat hij als kind de sensatie had 'in het lichaam van een ander (kind) te huizen. Het was volstrekt geen mystieke belevenis en het duurde (...) maar een paar seconden.' Hij 'had wat zitten suffen en merkte opeens dat [hij] het ogenblik tevoren het klaslokaal vanuit een andere hoek had gezien dan met [zijn] positie overeenkwam'. En op grond van het beeld reconstrueerde hij dat hij 'gedurende een paar ogenblikken een bepaald meisje was geweest, dat rechts achteraan in de klas zat'. Als hij eraan terugdenkt meent hij dat het idee zich eraan over te geven hem angst aanjoeg, al is het nooit bij hem opgekomen de 'belevenis te situeren in de realiteit op de manier die nodig is om er iets bovennatuurlijks van te maken'.

Ik ben blij dat hij er niets bovennatuurlijks bij haalt, al had ik van Kousbroek ook niet anders verwacht. Ook al ontgaat ons een hoop in dit leven, de oplossing voor het raadsel van de wereld moet, met de rake woorden van Arthur Schopenhauer, uit het begrip van de wereld zelf volgen. En dan blijkt de menselijke natuur al over voldoende 'bovennatuurlijke' trekken te beschikken. Want al blijft het theorie om een ander te kunnen worden, de onmogelijkheid zelf ervaren we wel fysiek. Niet alleen op de cognitief dissonante wijze zoals het Kousbroek overkwam in het klaslokaal, niet als een *fata morgana*, waardoor het onmogelijke mogelijk schijnt, maar ook als een laten we zeggen *fata impossibile*, waarbij wat voor mogelijk gehouden werd ineens als onmogelijk wordt ervaren. Doorgaans is de frustratie die hiermee gepaard gaat van zo'n onbenullige omvang dat we deze nauwelijks opmerken, of als klein sentiment negeren. Zoals op de zondagmiddag toen ik door het keukenraampje naast het fornuis zag hoe mijn vrouw samen met de kinderen het herfstblad in het steegje bij elkaar veegde. Ik stond met een garde in een pannetje soep te roeren, en hoorde ze lachen. De kinderen hielden samen de lange bladhark vast en ik zag dat mijn vrouw tijdens het vegen naar hen lachte – en dat het vegen bijzaak was, en het lachen hoofdzaak. Een sentimenteel tafereel dus.

Niettemin was de gedachte dat ik *hun* pret nooit zou kunnen worden ineens ondraaglijk. Ik bedoel niet dat ik geen deel uitmaakte van hun plezier – even daarvóór zwaaiden ze nog naar me door het raampje, en ik vermoed zelfs dat ik als publiek onderdeel was van hun spel. Maar al zouden de kinderen een scherpe herinnering overhouden aan deze kleine gebeurtenis, of deze middag op de grote hoop van een zorgeloze jeugd vegen, we zouden deze ervaring nooit echt *delen*. Ze bleef hooguit verdeeld over de vier individuele perspectieven die gedurende dit moment het tafereel schetsten.

Dat is wat ik zag: dat dichterbij dan dit nooit gaat. We naderen het bestaan van onze dierbaren nooit meer dan door een venster. Elk verlangen naar een ander, van weemoed tot lust, draait om dit gat in onze ervaring. Dat de ander echt een ander is – zoals Kousbroek beseft door de kortstondige zielsverhuizing – kan daarom even wonderlijk lijken als het gevoel dat we de wereld gezamenlijk menen te ervaren.

Ik was nog met Lotte, de eerste keer dat ik mijn vrouw zag. Ze passeerde me op weg naar een stoel in de ontvangstruimte tijdens een congres over de Duitse filosoof Helmuth Plessner. En terwijl ik haar in de rug keek schoot er zonder enig promiscue bijgedachte door me heen dat als de toevalligheden in mijn leven anders hadden uitgepakt wij een stel hadden kunnen zijn.

Deze gedachte, die meer een observatie leek, kwam niet uit de lucht vallen. In vergelijking met de veelal oudere deelnemers aan het congres werden we door de zichtbare overeenkomst in leeftijd als vanzelf naar elkaar toe gedreven. En we deelden blijkbaar een interesse in een tamelijk onbekende filosoof, een vaststelling die ons op deze zaterdagochtend ten opzichte van de wereld buiten het congres in zekere zin ook tot elkaar veroordeelde. Maar het eigenaardige was dat terwijl ik zonder verlangen keek naar haar gestalte, naar haar donkere krullen die af en toe tegen de rode wol van haar vest tikten, en naar de kale punten van de enkellaarsjes onder haar spijkerbroek, dat ik dan de andere uitkomst zag van mijn leven tot nu toe. Alsof ik door een venster keek naar een leven parallel aan het mijne. En zij was daarin niet zozeer een vreemde, ik werd door haar een vreemde voor mezelf. Zij leek de belichaming van een weg die ik niet was ingegaan, en die nu al ver achter me lag. Alsof mijn ziel even verhuisde van mijn bestaande lichaam naar een onzichtbaar lichaam aan gene zijde van dat bestaan. Alsof het daadwerkelijk mogelijk was om onszelf te splitsen in een lichamelijk en een denkend wezen.

Op dezelfde wijze als ik ooit per ongeluk bij Lotte verzeild was geraakt, zo hadden de wegen van mij en die van dit meisje op het congres elkaar per ongeluk *nooit* gekruist. Ja, nu dan, maar inmiddels hadden Lotte en ik onze levens vermengd als melk en koffie, door een andere kant op te roeren haalde je ons niet meer uit elkaar.

Zo zag ik het allemaal, toen ik mijn vrouw ontmoette en ik nog niet verliefd op haar was. En terwijl ik dit schrijf verbaas ik me over het onoverbrugbare verschil tussen haar eerste verschijning en wie ze nu voor me is. De gestalte van dat meisje wil op een of andere manier niet uit het lichaam weg dat ik me herinner en dat ik toen met heel andere ogen bekeek.

De zielsverhuizing van de jonge Kousbroek schiet hem op latere leeftijd te binnen als hij in een tijdschrift het verhaal leest over twee Amerikaanse vrouwen, Nancy en Mickey, die als experiment elkaars identiteit hadden aangenomen, inclusief man, minnaars, woning en baan. Het experiment slaagt voor de helft, Mickey 'weigert om weer te gaan roken, heeft geen zin om te gaan fietsen of tennissen', maar Nancy kan het daarentegen uitstekend vinden in Mickeys 'lichaam', en dat geldt ook voor een van 'haar' minnaars, een taxichauffeur van 21 jaar, die na enkele dagen aan de nieuwe Mickey 'vraagt of zij zich een voorval herinnert dat zich maanden geleden heeft afgespeeld'.

Het jarenzeventigexperiment, waarover de genoemde Nancy (Weber) het boek *The Life Swap* schreef, dwingt, ook als het van voor naar achter verzonnen is, tot overdenkingen rondom de gebruikelijke notie van het lichaam. Het laat zien dat een lichaam (*res extensa*) een uitgebreider ding is dan alleen ons lijf – meer een geheel van extensies waar ook je baan, je auto, je huis en zelfs de 'lijven' van je dierbaren toe behoren. Maar het experiment vestigt er ook de aandacht op dat het lichaam of beter het lijf, nooit op zichzelf bestaat, maar altijd bezield is door de ogen van de ander. Ogen die niet alleen kijken, maar vooral scheppen.

Ik kan me niet anders herinneren dan dat ik, zelfs al bij mijn eerste verliefdheden, verliefd was op mijn toekomstige vrouw. Liefde stond altijd in het teken van later trouwen en kinderen. Een projectie waarmee ik het betreffende meisje in zekere zin naar de hand van mijn voorstelling vormde. Ze speelde een rol in een verhaal over mijn leven. En omdat het verhaal bij iedere nieuwe liefde ook opnieuw en anders gedacht moest worden, blijkt al dat deze voorstelling de ander niet als een nummer waarneemt – dan had ik aan het oude verhaal genoeg – maar als een ander bestaan. Ik merkte dat zeker als ik verliefd was op een meisje dat langer was dan ik, dat maakte het altijd veel lastiger te fantaseren over onze toekomst.

En ook ikzelf stond onder invloed van dit verhaal over later. Ook ik kreeg gestalte in een passend personage. Want waar een moeder op het toneel verschijnt, verschijnt ook een vader. Dus niet alleen de ander krijgt gestalte in mijn blik, ook mijn gestalte ontstaat door de blik van de ander, welke alweer onder mijn 'supervisie' staat, en zo verder.

Mijn verbeelding lijfde dus al vele gestaltes in, en vormde de lichamen van vele toekomstige moeders. Al die 'lichamen' dwalen nu ergens onbezield rond om heel soms in mijn herinnering tot leven te komen. Zelfs van Lotte, met wie ik vrij lang samen was, merkte ik bij de laatste ontmoeting dat haar 'lichaam' is opgegaan in de verloren gegane voorstelling die ik van onze liefde had.

Je kunt eraan twijfelen of het helemaal normaal is om je al van jongs af aan de liefde met het oog op een gehuwd leven voor te stellen, maar wat Schopenhauer betreft gaat die gedachte nog niet ver genoeg. Als een darwinist avant la lettre zag hij in het individuele liefdesverlangen niets anders dan de wil tot leven met het oog op de soort. 'Het individu handelt hier, zonder het te weten, in opdracht van een hogere instantie, de soort.' En het is volgens hem 'de uit de oerbron van alle wezens voortkomende drang van het toekomstige, hier pas mogelijk geworden individu, dat ter wereld wil komen, wat zich aan de oppervlakte manifesteert als de hoge, alles buiten zichzelf geringschattende hartstocht van de toekomstige ouders voor elkaar; inderdaad als een waan zonder weerga, die zo'n verliefde ertoe brengt om alle wereldse goederen prijs te geven voor de bijslaap met deze vrouw – die hem in werkelijkheid niets meer te bieden heeft dan welke andere ook'.

Schopenhauer voert voor deze theorie een tamelijk bedenkelijk doelmatig naturalisme op, waarbij hij de individuen in hun blinde liefdesverlangen voortdurend met de blik van de soort laat speuren naar de beste kwaliteiten voor hun nageslacht. 'De duizelingwekkende vervoering die de man aangrijpt bij de aanblik van ene vrouw met een bij hem passende schoonheid en die hem de vereniging met haar als het hoogste goed voorspiegelt, is nu juist *het zin-*

tuig van de soort, dat het duidelijk uitgedrukte kenmerk van die soort herkent en haar met dat kenmerk wil laten voortduren. (...) Een kleine kromming van de neus naar beneden of naar boven heeft het levensgeluk van talloze meisjes beslist, en met recht: want het soortelijke type is in het geding.'

Hij valt hier even van zijn principe af dat het raadsel van de wereld in de wereld zelf moeten worden opgelost en niet daarbuiten. Want hoezeer zijn 'metafysica van de geslachtelijke gemeenschap' ook meent oog te hebben voor alle 'gradaties en nuances' van de seksualiteit, Schopenhauer begeeft zich er nergens tussen de lakens. Hij staart zich blind op de alles verzengende individuele begeerte van de liefde en mijdt het hachelijke en schaamtevolle pad van het beminnen waar nu juist twee individuen samenkomen. En juist dit raadselachtige fenomeen, het liefdesspel, is het wereldse resultaat van de begeerte en niet 'de soort'. Want 'de soort' mag als evolutionaire categorie dan wel einddoel zijn van ons vunzige gehannes, in de lijfelijke wereld treffen we nergens 'soorten' aan. Soorten leven alleen in de wereld van de ideeën. Ideeën die niettemin reëel zijn, maar voor een 'beschouwing naar het gewoel des levens' geven deze weinig bloot van de raadselachtige menselijke aard.

God zij geloofd en geprezen dat de menselijke soort het individu Darwin pas 'aan de oppervlakte' bracht toen Schopenhauer al weer bijna onder de grond was verdwenen. (*The Origin of Species* verscheen in 1859, een jaar voor Schopenhauer stierf.) Want we zouden aan Schopenhauer best eens een originele geest hebben kunnen verliezen, als ook hij gegrepen werd door het allesbepalende wetenschappelijk determinisme, dat nog altijd erg in zwang is. Dit determinisme, of beter reductionisme, is een variant op Darwins evolutieleer die in het geheel niet vanzelf uit deze leer voortkomt, maar er een ongelukkige mutatie van is.

Ook Schopenhauer raakte natuurlijk bezield door de wereld waarin hij toevallig terechtkwam. Wie in een andere wereld terechtkomt, zoals ook Nancy Weber aan den lijve ondervond, wordt in zekere zin in een ander lichaam geboren. En uit de vele verwijzingen in zijn werk naar contemporaine natuurwetenschappelijke publicaties is het duidelijk dat zulk denken Schopenhauer fascineerde. Schopenhauer staat ook nu wel bekend als determinist, die het hele menselijke 'tranendal' bepaald zag door de Wil. Maar deze blinde wil, waar de oorsprong noodzakelijk ongewis van blijft, gaat zonder doel te werk. En dat levert natuurlijk een heel ander determinisme op dan de kinderachtige theorietjes die beweren dat de vrije wil niet kan bestaan, omdat er hormonen zijn, of omdat we ons brein zijn.

En precies om die blinde wereldwil van Schopenhauer, blijft zijn 'metafysica van de geslachtelijke gemeenschap' intrigeren. De meedogenloosheid van de bovenindividuele wilskracht stelt hem aan de ene kant in staat in zijn analyse het individu te sparen en aan de andere kant tot een realiteit van de liefde door te dringen die normaal gesproken door 'de meest verfijnde en etherische beelden' verhuld blijft. Over die dichters die al te romantisch de liefde voor juiste deze ene persoon bezingen zegt hij dat ze dan eerst maar eens moeten 'bedenken dat ze het object dat hen vandaag de dag tot madrigalen en sonnetten inspireert, wanneer dat achttien jaar eerder geboren was amper een blik waardig hadden gekeurd'.

Er bestaat niets bedrieglijkers dan genot, haalt Schopenhauer Plato instemmend aan. 'Elke verliefde heeft, nadat het grote werk ten slotte is volbracht, dan ook het gevoel dat hij voor de gek is gehouden; want de waan is verdwenen', waarmee een bovenindividuele kracht twee vreemden naar elkaar toe drijft, *alsof* ze bij elkaar horen.

Schopenhauers analyse toont zijns ondanks dat de liefde niet alleen de soort bedient, maar ook het individu. In de begeerte, hoe bedrieglijk ook, zijn mensen in staat om even het gevoel te hebben om ongedeeld bij elkaar aanwezig te zijn, en hetzelfde perspectief te delen, hetzelfde te voelen.

'Zo onverklaarbaar als de zeer specifieke individualiteit van ieder mens is die hem en hem alleen kenmerkt, zo onverklaarbaar is ook de zeer specifieke hartstocht van twee geliefden.' De begeerte maakt het mogelijk om uit de 'specifieke individualiteit' van onze eigen ervaring te breken, niet door de ander te worden. Maar door een alternatief te bieden voor de uniciteit van mijn bestaan: 'de zeer specifieke hartstocht van twee geliefden'. Alleen deze alternatieve uniciteit biedt verlossing aan ons toevallige lot dat ons van ieder ander houdt afgesneden, in een noodlottig verdeeld bestaan bevolkt door unieke individuen.

De liefdesdaad biedt kortstondig een 'lichaam' waarin twee zielen kunnen opgaan als zouden zij echt even de wereld van buiten hun eigen standpunt en tijdelijkheid ervaren. Een extatische ervaring waarin de strelingen niet langer het lichaam van de ander geruststellen en aftasten, als ware het de voortzetting van een gesprek met andere middelen, maar waarin het betasten dit tijdelijke 'lichaam' als lichaam moet bevestigen. Het slagen hiervan toont zich het meest in het wonderlijke verschijnsel dat we elkaars genot lijken te kunnen voelen, zelfs in de schaamdelen waarover we zelf niet beschikken.

In dit genot lijkt het individuele verlangen even opgeschort. Daarom ook is het verlangen naar de ander niet te bevredigen als een lege maag. De bevrediging ligt in het verlangen zelf, de voorstelling van de hartstocht, niet in de voorstellingen van de dichter maar in de voorstelling die de begeerte én de seksuele daad zelf produceren. Net als iedere illusie, toveract, zielsverhuizing of muziekstuk bestaat die voorstelling zolang de mens deze waarachtig speelt.

En wie erover nadenkt ziet ook dat de 'oneindige zaligheid' of de 'onuitsprekelijke smart met de gedachte dat dat bezit niet kan worden verworven' die in de liefde op het spel lijken te staan nooit door 'het bezit van één bepaalde vrouw' kunnen worden vervuld. Het gaat niet om alleen het lichaam, zelfs niet alleen om de vrouw als denkend én lichamelijk ding. Het gaat erom los te komen van ons toevallige particuliere lot in een bestaan dat aan zichzelf genoeg heeft.

De ander moet daartoe eerst worden gevormd in mijn blik en mijn blik in die van de ander. Het oefenen van deze magische cirkel begint al van jongs af aan en bij iedere liefde opnieuw. Al bij het eerste smachten vormt onze blik het lichaam van de ander naar de vorm van dat ene specifieke liefdeslichaam.

Dat ik niet meer weet hoe het ooit voorbijging tussen mij en Nina Smitskamp, zal denk ik ook komen doordat al mijn jeugdliefdes in elkaar overliepen. Pas in de puberteit, waarmee ik later was dan de meeste jongens om mij heen, zat ik voor het eerst sinds die vroege herinnering een langere tijd zonder meisje. Met de platonische liefde had ik veel beter uit de voeten gekund dan met de liefde die geen genoegen nam met alleen verleiding. En nog altijd voel ik me meer thuis bij de illusie dan bij iets wat doorgaat voor de harde realiteit.

Niet dat er voor illusies geen moed nodig is. Ik zie mezelf nog in de drogist aan het Oranje Nassauplein om het plastic molentje heen draaien. 'Hij zoekt oorbellen voor de verjaardag van zijn vriendinnetje,' zei mijn moeder trots tegen de vrouw achter de toonbank – ik had haar weleens bij mijn vader in de wachtkamer zien zitten. De man die stond af te rekenen keerde zich nu ook om, en keek met de anderen mee hoe een jongetje van acht oorbellen uitzocht voor een meisje.

De woensdagmiddag van de verjaardag voelde ik schaamte over mijn aankoop. We zaten rond de eettafel van het rijtjeshuis in de nieuwbouwwijk, die ik alleen kende van de autoritjes als mijn vader nog een laatste visite moest rijden nadat hij ons van school had gehaald. Silvia – haar achternaam ben ik vergeten – had alle cadeaus al uitgepakt. Nu was het mijn beurt. Ik had voor haar mijn batik blouse aangetrokken, maar merkte tot groot ongemak dat het een averechts effect had: alle ogen waren op mij gericht.

Geen enkele waardering, zelfs geen enkele blik is onbaatzuchtig. Hoe objectief we soms ook menen de wereld te zien, we zien deze nooit zonder eigen belang. In de liefde wordt deze onmogelijkheid het sterkst gevoeld. Hoe hoog het voetstuk ook is waarop hij haar plaatst, om de objectiviteit van zijn vleiende beweringen te bewijzen, complimenten wijzen altijd terug naar hun afzender. En al 'kon iedereen wel vertellen', volgens Orpheus, dat Eurydice 'mooi is als Artemis' het blijft in het belang van Orpheus. Zelfs wie bereid is voor de liefde te sterven, sterft in zijn eigen belang.

Opgelaten schoof ik het pakje over het stugge tafelkleed in haar richting. Haar moeder stond achter haar. Voorzichtig peuterde Silvia aan het papier. Ze bleef blozend naar de donkerblauwe hangertjes in haar handpalm staren, totdat de jubel van haar moeder het tafereel de verlossende richting opstuurde. 'O nou, kijk eens! Dát is een lief cadeau, hè Silvia?!'

Georg Simmel schreef over de paradoxale werking van het sieraad dat de drager ervan zowel zijn zelfgevoel verheft ten koste van anderen, als zichzelf als lustobject geeft aan de ander – egoïstische en altruïstische motieven omarmen elkaar. 'Men smukt zich voor zichzelf op, en men kan dit slechts door zich voor anderen op te smukken.' Maar over het *schenken* van een sieraad schreef hij niets. Wat is de betekenis van een geschenk dat zijn waarde zogezegd alleen kan verkrijgen in het oog van de schenker? 'Zij is om zo te zeggen meer als zij is opgesmukt.' Silvia werd dus zogezegd een lust voor mijn oog. Terwijl ik háár wilde sieren, omdat ik de aandacht op haar wilde vestigen, werkte het geschenk als een vergrootglas boven mijn lust. Ik had haar het grootste plezier willen doen met de oorbellen, maar ik wist niet dat je met het geven van een sieraad ook een beetje bezit neemt van de ander.

Ik ging de volgende ochtend wat zenuwachtig naar school, maar het ongemak bleek voorbij. Ze droeg de oorbellen, alsof het de gewoonste zaak van de wereld was. En toen te midden van een vol schoolplein onze blikken kruisten lachte ze. Door de blauwe 'tekens' aan haar oorlellen twijfelde ik geen moment aan deze lach. Die was voor mij alleen. Ze droeg m'n geschenk zonder ijdele motieven, voor niemand anders dan voor mij, zelfs niet voor zichzelf. Bij handvangertje liet ik me eenvoudig door haar tikken. Hand in hand vlogen we over het plein.

Schaamte wordt al te gemakkelijk in verband gebracht met een taboe. Als een spijtbetuiging voor het overschrijden van een morele, culturele of maatschappelijke grens, een verbod. Maar de schaamte die zich vertoont in de buurt van de liefde is niet het gevolg van het seksuele verlangen, maar vormt er een beslissend onderdeel van – zelfs van het genot. Zonder schaamte geen seksueel genot.

Aangezien zelfs de zuiverste liefde nog altijd de ruwe wil verraadt van degene die zijn liefde betuigt dreigt de liefde ieder moment de ander te objectiveren als een genotmiddel. De schaamte die optreedt in de liefde, is de schaamte voor het eigen belang. Niet omdat het eigen belang zondig zou zijn, maar omdat de bevrediging van dit genot niet mag lijken op het stillen van een stevige trek. Niet omdat dit wel zondig zou zijn, en door een of andere morele wet wordt verboden, maar omdat het genot van eten een ander verlangen bevredigt.

Schaamte zet een spel in werking dat het eigen belang verhult en sublimeert. Ook de lyriek waarmee de liefde wordt geuit (zoals de 'zuiverste liefde' waar ik net van sprak) is een onderdeel van dit spel, dat niet in de plaats komt van de schaamte, maar een voortzetting van de schaamte is met andere middelen. Alle schaamte, van liefdespoëzie tot bosjes bloemen, van wegkijken tot het bedekken van schaamdelen, is de poging om jouw plompverloren eigen wil te bedekken, want alleen het opheffen van deze wil, die elk ander willen uitsluit, maakt het mogelijk in de nabijheid te komen van de liefde die ervaren wordt als een gezamenlijke wil.

Birds do it, bees do it, dat zal allemaal wel, maar de mens is nu juist in staat om seks tot meer dan een zaadlozing te verheffen.

Het is treurig dat dit natuurlijke toneelspel van de schaamte, een spel waarin de mens excelleert, zelf tot een taboe is geworden. Want schaamte krijgt altijd slechte recensies: van de een omdat schaamte archaïsche preutsheid zou zijn, van de ander omdat waar schaamte is, ook zonde in de buurt moet zijn. Vooral het scheppingsverhaal wordt voortdurend misbruikt om met een morele lezing van de verwijdering uit de hof van Eden schaamte in verband te brengen met het immorele.

Maar toen Adam en Eva nog geen schaamte voor elkaar voelden, voelden zij ook nog geen lust. Het leven in het paradijs is niet het leven in het Land van Kokanje, waar de gebraden kippen je mond invliegen. Met de hof van Eden toont het scheppingsverhaal het bestaan zoals dit op zichzelf is, niet gezien door de ogen van het individu, dat vastzit aan dat ene perspectief in tijd en ruimte en aan zijn eigen wil. Het toont een bestaan dat ons denkvermogen te boven gaat, maar dat we ons noodzakelijk moeten voorstellen – volgens Kant en Schopenhauer – omdat de tijd, de ruimte en onze wil zich weliswaar in de wereld tonen, maar nooit als eigenschappen van deze wereld.

De hof van Eden is de voorstelling van dit bestaan dat onopgedeeld achter onze beperkte ervaringen schuilgaat. In deze tuin is geen schaamte, omdat ook de eigen wil ontbreekt.

Als Adam en Eva hun naakte lichamen verbergen doen ze dat niet uit schaamte voor het lichaam, maar om hun eigen wil te maskeren. Want dat is ook een lezing van het scheppingsverhaal: de mens is in staat om een paradijselijke toestand te bereiken door te veinzen dat het van zijn eigen wil kan afzien. De naaktheid van het lichaam staat symbool voor de eigen wil die hij niet gewild heeft en het bedekken van deze naaktheid brengt de mens juist weer terug in het paradijs – iets wat de dieren na de zondeval nog steeds niet kunnen.

Het seksuele verlangen vraagt om een bevrediging waaraan geen enkel lichaam kan beantwoorden, tenzij het met dit lichaam een spel speelt.

En juist het taboe op de schaamte draagt eraan bij dat de liefde met het lichaam wordt geïdentificeerd. Een voor de hand liggende verwarring voor een puber, maar als een hele cultuur in deze preoccupatie leeft is het zorgelijker. Even zorgelijk als de maatschappelijke neiging om te denken dat we in het lichamelijke op meer echtheid stuiten dan in het geestelijke.

Behalve een scheppingsverhaal is de zondeval natuurlijk ook het verhaal van de puberteit, waarin de vrouw het voortouw neemt, net als Eva die als eerste van de boom van kennis van goed en kwaad plukt, en ineens merkt 'dat hij een lust voor het oog' is. Als Adam ook deze lust ontdekt komen de lendenschorten tevoorschijn, ontstaat er het verschil tussen man en vrouw en zien zij hun lot bezegeld in het zwoegen op het land en het lijden van het dragen, baren en zogen van kinderen.

Toen vrienden van mij, die op de lagere school niet de hoffelijkheid toonden die hoort bij de verliefdheid van kleine kinderen, op de schoolfeesten in Zutphen ineens stonden te tongzoenen alsof ze nooit anders hadden gedaan, voelde ik dat het met de kunsten gedaan was. De liefde moest van haar illusies worden ontdaan. Ik wilde dat best, maar had geen idee hoe ik dat kon aanpakken. Ergens had ik opgevangen dat het de ongeschreven regel was dat de jongen moest 'beginnen', maar hoe lang ik ook zocht naar tekenen in het gelaat van de vriendinnetjes die ik thuisbracht, nergens las ik toestemming voor deze inbreuk op hun bestaan.

En sinds ik op de verjaardag van een vriendinnetje was ingeruild voor een ander, met wie ze nota bene diezelfde avond nog tussen de rododendrons werd aangetroffen, liep ik definitief achter de feiten aan.

Er ging een jaar overheen. Op de fiets naar school hield ik m'n mond als het over meisjes ging. Toen ineens, midden in de winter, organiseerde een vriend voor zijn verjaardag een dropping, in het bos dat ik op mijn duimpje kende. In mijn groepje zat Vonne Lenferink. De boerendochter zat een klas lager, maar lichamelijk gezien had ze een klas hoger kunnen zitten. Ik weet niet waarom ze het dacht, maar ze was in de waan dat ik al ver was op het liefdespad. Terwijl ik besloot haar in die waan te laten keek ik in het donker naar haar witte gelaat en probeerde de contouren van haar mond te volgen, alsof deze me informatie konden verschaffen over de volgende stappen. We raakten steeds verder achterop bij de rest. Haar gewatteerde winterjas verborg haar stevige borsten, en het kuiltje in d'r wang dat ik bij daglicht kon zien leek verdwenen. Misschien dat juist de verhulling van het lichamelijke en het eenvoudige feit dat ik niet verliefd op haar was, me de moed gaf bij een smalle doorgang tussen jonge berkjes haar naar me toe te trekken. Ik verbaasde me erover dat het niet als iets nieuws voelde. Niet onprettig, maar evengoed geen genot. De tongen duwden tegen elkaar alsof ze beide vermoedden dat ze op de verkeerde plek op zoek waren naar een schat. Ik schoof haar jas omhoog en wreef over de gladde synthetische stof van haar bh. Gemakkelijker dan ik had verwacht kreeg ik de sluiting los op haar rug. Met koude handen duwde ik op het zachte vlees en probeerde haar aan te kijken, maar ik zag alleen donkere oogkassen.

Binnen bleken we niet het enige stel te zijn geweest dat zijn weg los van de groep had teruggevonden. En zonder gêne lagen we daar nog de rest van de avond op kussens langs de dansvloer in de schuur.

De opluchting de dagen erna was te groot om teleurgesteld te zijn over het wegblijven van een gevoel dat ik nog steeds niet kende, maar waarvan ik overtuigd bleef dat het er moest zijn.

8

Met de vuist

Verlangen naar het goede

Ik heb een aangeboren zwak voor donkere mensen. Toen ik klein was heb ik me dat nooit zo gerealiseerd, maar het is zo en het is eenvoudig te verklaren. Mijn vader en moeder hebben allebei een Indische afkomst. Mijn vader van nature als indo, mijn moeder als dochter van een KNIL-officier. Samen kregen ze drie tamelijk donkere kinderen, en mij, de blonde van het gezin. In gedrag lijk ik op mijn vader, maar in uiterlijk overduidelijk niet. Hij leerde me judoën en een beetje pentjak silat, en ik was net zo behendig als hij vroeger was geweest, maar mijn huid bleef bleek en mijn haar hoogblond. Het enige wat ik nog kon doen was om dan maar in de nabijheid van donkere mensen te leven. Zo ongeveer moet het zijn gegaan.

Ik heb één echt donkere neef. Niet uit Indonesië, hij komt uit Sri Lanka en werd geadopteerd toen ik twee jaar oud was. We groeiden beiden op in Eerbeek. En al had de papierindustrie het dorp toch al kennis laten maken met de donkere huid van gastarbeiders, gediscrimineerd werd er natuurlijk nog steeds. Ook mijn neef moest het geregeld ontgelden.

Een helder onrecht vraagt om een passende vergelding. En dus sprong ik, zijn blanke neef, voor hem in de bres, zodra hij werd lastiggevallen, ook als huidkleur niet eens in het geding was.

De gretigheid waarmee je als kleine jongen rechtvaardigheid met de vuist zou willen herstellen doet vermoeden dat het verlangen om te slaan voorafgaat aan de aanleiding. Ik wil best alleen voor mezelf spreken, maar ik denk niet dat ik de enige ben die als kind altijd ook opgetogen was over evident onrecht. Niet alleen met een knokpartijtje in het vooruitzicht – want zo'n held ben ik niet – maar vooral om in woorden van mijn woede te kunnen getuigen. En hoe graag we ook zouden willen, deze neiging beperkt zich niet tot onze kindertijd. 'De burgers zijn niet boos omdat hun onrecht is aangedaan,' merkte Arnon Grunberg eens treffend op, 'maar omdat de woede hun leven zin geeft.'

Dus kwam ik graag op voor mijn neefje. Ik was daarbij niet zo moedig als Pascal, een Molukse vriend van mij die altijd wel iets vond om voor te vechten. Hij had zijn lengte niet mee, maar was wel snel, en sterk, en vooral niet bang. Ik heb hem heel wat klappen zien opvangen, nooit deinsde hij terug voor een vechtpartijtje.

Zo was ik zeker niet. Ik wilde wel, maar durfde meestal niet.

Als kind is de schaamte vaak zo groot als je iets niet durft, dat je vergeet te bedenken of datgene wat je niet durft wel zo verstandig is om te willen.

Bijna iedere woensdagmiddag die ik met Pascal doorbracht deed zich wel een moment voor dat ik iets niet durfde wat hij wilde. Die keer dat ik weigerde via de regenpijp het dak van ons huis op te klimmen, omdat mijn vader dat naar mijn idee niet goedvond, vroeg hij me wat het ergste was wat kon gebeuren. Hij geeft je hooguit een pak slaag, vulde hij zelf in. En dan? Dat doet pijn, maar als het over is voel je er niets meer van.

Ik was zowel onthutst over zijn koelbloedigheid als over de eendimensionale band die hij blijkbaar met zijn vader had. Het was de eerste keer dat ik mijn angst opzij wist te zetten, niet om te doen wat Pascal vroeg, maar om dit juist te laten. Want door zijn retoriek kwam ik tot het inzicht dat het me niet om de angst voor de pijn ging. Ik wilde gewoon geen ruzie met mijn vader, niet uit angst, maar uit liefde voor mijn vader.

Toch, op een keer, vlak voor de zomervakantie, was het weer zover. Mijn neefje vertelde me op het schoolplein van onze lagere school dat twee buurjongens hem hadden gepest. Die middag ging ik met 'm mee naar huis en lokten we de jongens onder valse voorwendselen het erf op bij mijn neefje. Van judo wist ik dat ik ze wel aankon. Daar stonden we, vier jongens in korte broek. Drie witten, één zwarte. Het was stil en warm.

De grootste van de twee buurjongens had een stok als zwaard door de lus van zijn broekriem gestoken, die op z'n blote buik een paar rode krassen had achtergelaten. Hij leek me niet erg snel. De ander kon ik zelfs aan mijn neefje overlaten. Terwijl ik 'm aan de praat hield keek ik waar ik hem als eerste wilde raken en wachtte het juiste moment af. Maar of het nu kwam door zijn blote bast, of doordat ik het moment voorbij had laten gaan, of omdat ik ook genoot van de zon, of omdat ik nooit eerder iemand zomaar ineens met een vuist in zijn gezicht had geslagen, ik weet het niet, maar ineens huiverde ik van het idee om zijn glanzende huid, die op zijn armen bedekt was met een dons van blonde haartjes, te schenden.

In mijn kinderlijke overmoed was ik even vergeten dat de buurjongen een eigen wil had, die zich niet liet ontkennen. Hoe gretig ik hem ook tot onderwerp maakte van mijn eenvoudige antidiscriminatiemoraal, oog in oog met mijn 'doel' merkte ik dat ik hem zijn menselijkheid niet kon afnemen. De Franse filosoof Emmanuel Levinas (1906-1995) wijst erop dat dit onreduceerbare moment kenmerkend is voor wat de mens is. 'De ontmoeting met een andere mens bestaat in het feit dat ik hem, ondanks mijn verregaande heerschappij en zijn onderdanigheid, niet bezit. Hij gaat niet helemaal op in de openheid van het zijn, waarin ik mij reeds bevind als in het veld van mijn vrijheid.'

De gedachte dat een mens tot ding kan worden gemaakt is een gedachte die steeds meer heeft postgevat in ons gewone taalgebruik. Maar volgens Levinas kan de ander nooit helemaal tot ding worden gemaakt. Hoe slecht of zelfs onmenselijk we hem ook behandelen, we ontkomen nooit aan die lastige vrijheid van de ander. De ander is tot alles te reduceren, 'zijn geschiedenis, zijn milieu, zijn gewoonten', maar wat zich aan het begrijpen onttrekt 'dat is hij-zelf'. Ook de beul ontkomt niet aan dit 'zelf' van de ander.

Dat andere 'zelf' is zelfs niet gedeeltelijk te ontkennen. Met de ander is het alles of niets. Je neemt de 'lastige vrijheid' van de ander in haar geheel. Want een eigen wil kun je nu eenmaal niet een beetje erkennen. Dat betekent ook dat 'de ontkenning alleen een totale kan zijn: een moord'. We zijn in zekere zin veroordeeld tot deze 'lastige vrijheid' van de ander, tegelijkertijd ontlenen we volgens Levinas aan niets anders onze eigen vrijheid dan aan de gewaarwording van de vrijheid van de ander. 'Ik ben pas vrij,' schrijft hij, 'in het gelaat van de ander.'

Dat een moord ons niet koud kan laten – hoe evident dit ook moge klinken – valt te begrijpen door het wederkerige karakter van de menselijke vrijheid, dat onze eigen vrijheid afhankelijk maakt van die 'lastige vrijheid' van de ander. En zo berust empathie uiteindelijk op onze eigen vrijheid. Dat lijkt koren op de molen van de pessimist die dweept met het egoïsme van de mens, maar doordat onze vrijheid bestaat in die van de ander is egoïsme ondenkbaar zonder oog te hebben voor de ander. De mens is uit zelfbehoud geneigd tot altruïsme. Gelukkig maar, want zodra we zonder belang om anderen geven, stoppen we met denken – en zonder aanziens des persoons om anderen geven, daar heeft niemand wat aan. Medeleven is al zo'n hachelijke zaak. De geschiedenis staat bol van hulpacties en vredesmissies die tot erger kwaad leidden.

Opgroeien gaat met sprongen, wordt wel gezegd. En als ik kijk naar mijn kinderen dan zie ik die hypothese vaak bevestigd. Meestal kondigt de sprong zich aan in frustraties en driftbuien, alsof vlak voor het kunnen lopen of praten de geest reeds over een nieuwe techniek beschikt, maar deze nog moet inlijven, als was het een te grote nieuwe fiets. Maar bij iedere sprong gaat, zoals bij elke metamorfose, ook altijd iets verloren of verdwijnt in de vergetelheid. Nieuwe technieken, nieuwe machten, wekken niet zelden oude overmoed opnieuw tot leven.

Terwijl mijn confrontatie met het zomerse lijf van de buurjongen het verlangen te knokken voor langere tijd tot bedaren had gebracht, laaide vanaf een jaar of veertien dat verlangen weer wat op. Vlak voor ik zelf in de puberteit raakte had ik dat al gemerkt aan de jongens om mij heen, bij wie ineens een uitzonderlijk grote interesse voor vechtsporten en geweldfilms bestond – en na enige vertraging dus ook bij mij.

Op de school naast de onze, in Zutphen, zat het ideaal van iedere puberjongen: een knappe, fatsoenlijke en slimme karatekampioen, zijn naam ben ik vergeten. Hij ging met het mooiste meisje van de hockeyclub en er werd over hem gezegd dat hij een echte karatemoraal had, wat inhield dat hij alleen vocht als het moest. Het grootste tuig groette hem op straat. In onze door films gevoede verbeelding zagen we zijn tegenstanders al door de lucht vliegen en tegen de vlakte gaan – leden van de lokaal beruchte familie Zwakhoven en van de groep Molukkers die we zo vaak vreesden, dropen hinkend en strompelend af terwijl de karatekampioen zijn arm om het hockeymeisje sloeg en zijn weg vervolgde. Als hij was gesignaleerd op een schoolfeest dan maakten we ons geen zorgen over trammelant bij de deur.

Op een avond in de lente, toen ik al een paar klassen verder was en niet meer naar vechtfilms keek, liep ik over het donkere parkeerterrein van de hockeyclub in Eefde, waar ik zojuist van een feest vertrokken was. Ik zocht mijn fiets. In het zwakke schijnsel van een straatlantaarn zag ik twee lange jongens in gesprek. Aan hun motoriek kon ik zien dat de een te veel had gedronken en de ander nog broodnuchter was. De dronkaard was het langst van de twee, maar stond wat voorovergebogen met zijn gezicht voor de ander. Dichterbij gekomen herkende ik het nuchtere gezicht van de karatekampioen, met wiens vriendin ik zo-even had staan dansen. Ook de beschonken slungel kende ik, als de stille jongen van het hartenjagen tijdens de schoolpauzes in de kroeg.

Opstootjes herken je van verre, aan krampachtige lichaamsbewegingen en ijle overslaande stemmen, hier leek evenwel niets aan de hand, maar toen ik zo dicht genaderd was dat ik naast hen mijn fiets tegen het hek kon zien staan, hoorde ik de karatekampioen op bedaarde toon zeggen dat hij nu echt voor de laatste keer waarschuwde. De ratio van de situatie leek met een snelle schetsbeweging voor me uitgetekend. De kampioen was ingehuurd als uitsmijter en de slungel moest het feest verlaten omdat hij dronken was. Ik groette met een haastige hoofdknik en boog met mijn fietssleuteltje over het zadel.

'Aaah... joh... lamuhnogh... eeevvuh... ddanzzn,' kwam er uit de mond van de slungel. In z'n knikkende gezicht stonden pretoogjes, en zijn mondhoeken vertoonden witte plekken van opgedroogd slijm. Het geluid van de klap in zijn gezicht leek in niets op dat van een karatefilm. Meer op de keukengeluiden van een pizzeria waar het deeg wordt gekneed. Toen het geluid voorbij was hing de slungel net achter mijn fiets bewegingloos ruggelings over het hek. Hij snurkte, alsof hij er al uren lag. Ik staarde ernaar.

'Wégwezen,' siste de kampioen naar mij. Geen goeie tekst voor de held in een karatefilm, vond ik. En dat besefte de kampioen ook. Hij draaide zich om en liep een paar meter bij mij en het snurkende lichaam vandaan.

Voor iedere klap die een mens uitdeelt heeft hij een moraal nodig. Toen de kampioen nog alleen in het licht van zijn eigen eenvoudige moraal handelde (met een stelregel als deze: *dronkaards moeten bij weigering gedwongen het feestterrein verlaten*) kon hij zijn krachten gebruiken waarvoor ze waren ingehuurd, maar onder het oog van een toeschouwer veranderde de zin van zijn handeling in zinloos geweld.

Ik zwoor het geweld opnieuw af.

Een paar jaar voor we kinderen hadden en nog op een kleine etage in het centrum van Groningen woonden, installeerden mijn vrouw en ik een oude, via Marktplaats aangeschafte caravan op een kampeerterrein in de bossen aan de Drentsche Aa. We kregen meteen hulp van een uitzonderlijk praatgrage Groninger op leeftijd. Ieder jaar zodra de 'r' uit de maand was betrok de Stadjer zijn houten kampeerhuisje waarvan wij nu dus de nieuwe buren waren.

We kwamen daar natuurlijk voor onze rust, dus we reageerden gereserveerd. Maar tijdens zijn hulp bij de aansluiting van stroom en sanitair, merkten we algauw dat achter de obligate tegelwijsheden een intrigerend leven schuilging. In de avonden die volgden kregen we onder onze luifel in onvervalst Gronings zijn verhaal te horen.

Hij was als negentienjarige uitgezonden naar Nederlands-Indië voor wat bij ons de geschiedenis is ingegaan als de eerste politionele actie. Hij had, net als de meeste dienstplichtigen van zijn leeftijd, geen flauw benul gehad waar hij in terechtkwam. 'Moar 'k heb alens doan,' zei hij herhaaldelijk, en keek ons dan indringend aan – alles wat God verboden heeft. We durfden het ons nauwelijks voor te stellen na zijn verhalen over de koperkleurige lijven van de inlandse vrouwen die zich wasten in de rivier, en over de kapmessen van de mannen. Maar de handen waarmee hij ons te hulp was gekomen moesten gruwelijke dingen hebben gedaan.

Zoals bekend werden deze veteranen terug in Nederland niet met open armen ontvangen.

Een jaar of vijf later, we hadden onze caravan alweer via Marktplaats verkocht, viel bij ons zijn overlijdensbericht in de bus. In een bomvolle aula van een Gronings crematorium zagen wij hoe geliefd hij was bij buren, stads- en kampeergenoten, talloze verenigingen, vrienden, familie en natuurlijk bij de veteranen uit zijn bataljon. De kolonel nam het woord en vertelde hoe onze zomerbuurman 'voor de duvel niet bang' was geweest, in zijn eentje het leven redde van vele van zijn maten en aan het einde van de oorlog van soldaat derde rang was opgeklommen tot sergeant.

'Voor de duvel niet bang.' De wijze waarop de kolonel het zinnetje had uitgesproken was huiveringwekkend. Hij bleef even stil voor hij het uitsprak en daarna stokten zijn woorden opnieuw en zagen we dat er iets gruwelijks voor zijn geestesoog verscheen.

Natuurlijk stonden de tranen ons in de ogen, maar de beelden die ik in 1995 zag in de documentaire *Tabee Toean* stonden ook nog op mijn netvlies. De documentaire van Thom Verheul volgt enkele getraumatiseerde veteranen die teruggaan naar het voormalig Nederlands-Indië om herinneringen op te halen aan de gewelddadige politionele acties.

Het was een van de eerste documenten die bijdroeg aan een herbezinning op dit verdrongen collectieve verleden, die ontegenzeggelijk duidelijk maakte dat de Hollanders ook geen lieverdjes waren. Ik herinner me dat ergens halverwege de film een veteraan bijna woedend antwoordt op de vraag of hij ooit getwijfeld had aan hun missie: 'Ik ben Poncke niet.' Landverrader bedoelde hij. Poncke was de bijnaam van Johan Cornelis Princen (1925-2002), de soldaat die tijdens de politionele acties deserteerde uit het Koninklijk Nederlands-Indisch Leger, zich aansloot bij de Indonesische republikeinse gevechtstroepen, en die na de onafhankelijkheid voor zijn moed en verdiensten voor de republiek werd onderscheiden door president Soekarno.

Princen en de zomerbuurman waren allebei helden geweest in dezelfde oorlog, maar om tegengestelde redenen. En de heldenstatus van Princen is al helemaal ambivalent: vrijheidsstrijder voor de nieuwe republiek en 'landverrader' in de ogen van de KNIL-veteranen. Zulke ambivalenties lijken eerder het kenmerk van de held dan dat ze er een uitzondering op zijn. Een held heeft maar zelden schone handen. Onze zomerbuurman, die voor de duvel niet bang was geweest, had geen schone handen in ieder geval.

De grens tussen schurken en helden is in het algemeen zo dun dat het de vraag oproept of helden eigenlijk wel écht bestaan. Hoe moedig je je eigen handelingen ook vindt, ze moeten in de ogen van de ander niet alleen als moedig, maar ook als zinvol worden gezien.

9

Pienter boesoek

Verlangen naar zin

Voor de boekenkast van mijn moeder lag tussen de stapels nieuwe Nederlandse literatuur ook vaak een chocoladeletter. Dat had weinig met de tijd van het jaar te maken. De letter (de T) bleef lang liggen, overleefde doorgaans de zomer en soms lagen er zelfs letters van opeenvolgende sinterklaasedities in de onaangebroken witte doosjes met daarop een grote T in het rood.

Op een regenachtige woensdagmiddag hing ik over de rugleuning van onze groene corduroy bank naar de rode T te staren. Ik had net eindeloos met mijn sokken over de parketvloer gegleden, en bevond me nu in die mistige staat van het menselijk gemoed waarin de vervoering van pure zorgeloosheid ongemerkt kan afglijden in verveling.

Lust en apathie, ze lijken dag en nacht, maar ze hebben dezelfde gepassioneerde bron. De uiterlijke onbewogenheid van de verveling is misleidend. Vanbinnen zijn we zeer bewogen, alleen bewegen we in een vicieuze cirkel, we missen het juiste perspectief om ons gevoel een richting naar buiten te geven, een zin. En omdat onze verveeldheid even krachtig kan zijn als onze levenslust is het, zodra we eenmaal verveeld zijn, heel moeilijk er weer uit te komen. Een onverschillige geest is eerder door de buitenwereld gewekt dan een verveelde geest. Verveling is de tautologie onder de gevoelens. Ze bevestigt zichzelf, wat je er ook tegenover stelt.

Hoe het kan dat we in deze toestand de ene keer de afslag van de apathie nemen en de andere keer op het spoor van een nieuwe zin komen is me een raadsel, maar deze middag werd ik in elk geval gered door die rode T.

Ik nam plaats aan de eettafel tegenover mijn moeder die over haar correctiewerk gebogen zat en ik legde mijn hand zo nonchalant mogelijk op de thermoskan met thee.

'Maham?' vroeg ik. 'Mag ik een beetje T van jou?' Ze keek op van haar werk, terwijl ze de punt van haar Parkerbalpen op het proefwerkpapier drukte. 'Natuurlijk mag je thee. Waarom vraag je dat?' Zonder het antwoord af te wachten volgde haar blik opnieuw de Parker langs de volgeschreven regels. Ik haalde de chocoladeletter van mijn schoot trok de verpakking open en knakte een stuk van de donkere chocola. 'Dank je,' zei ik met nadruk. Pas toen ik bij het tweede grote stuk met volle mond benadrukte hoe lekker de T was, drong het tot mijn moeder door dat ik een grap met haar uithaalde. 'T,' smakte ik, ten overvloede wijzend op de rode T van het doosje. De list werd gewaardeerd, ik mocht de hele letter opeten. En terecht, zei ik, ik had het immers eerst netjes gevraagd.

'Pienter boesoek!' was de reactie van mijn vader bij het avondeten. Dit predicaat kreeg mijn gedrag wel vaker. Letterlijk betekent het bedorven slimheid, maar voor een indo is het een compliment: het is gewiekst, zonder gemeen te zijn. Geraffineerd bedrog met kleine gevolgen.

Mijn truc om na mijn vader en broer de Makro binnen te komen (er konden niet meer dan twee personen op één Makropas), door te laten omroepen dat ik mijn vader kwijt was, werd door hem met dezelfde woorden toegejuicht. En pienter boesoek als hij zelf is, speelde hij het spel als 'bezorgde vader' feilloos mee – zijn oudste zoon liet hij even bij de megaverpakkingen tandpasta achter om mij alleen op te halen: 'Waar was je nou?'

De uitdrukking is dan misschien Maleis, de gewoonte om kleine kinderen, met name jongetjes, te complimenteren voor bepaald stout gedrag is heel gewoon. Denk aan het liefkozende 'dondersteen', of aan 'dikke boef' waarmee onze Groningse hulp gecharmeerd over onze zoon praat.

Waar precies pienter boesoek overgaat in kwaadaardig raffinement en wanneer een 'dikke boef' een echte Willem Holleeder wordt zijn intrigerende vragen – net als de vraag of iemand kwaadaardig wordt in de praktijk of dat hij dat al in theorie is. Maar wat me het meest interesseert in het gebruik van 'pienter boesoek' en aanverwante predicaten in de opvoeding van onze kinderen is de vraag met welk doel we onze kinderen aanmoedigen tot deze kleine overtredingen en oplichtingen.

Is een beetje kwaad misschien ergens goed voor? Op dezelfde wijze als Socrates in Plato's *Politeia* meent dat een leugen nodig kan zijn ter bevordering van de waarheid, 'als een soort geneesmiddel'? Als sambal bij een bordje rijst?

'Het kwaad, zo hebben we geleerd, is iets demonisch; het wordt belichaamd door Satan, een "bliksemende val uit de hemel", of door Lucifer, de gevallen engel,' schrijft Hannah Arendt (1906-1975) enkele jaren voor haar dood in *Thinking*, het eerste deel van *Life of the Mind*. Slechte mensen, zo wordt ons verteld, handelen uit afgunst, zwakheid of haat. Maar wat haar was opgevallen toen ze als verslaggeefster voor *The New Yorker* in 1963 het Eichmann-proces in Jeruzalem bijwoonde was juist de 'banaliteit van het kwaad, (...) een klaarblijkelijke oppervlakkigheid van de dader, die het onmogelijk maakte om de onbetwistbare slechtheid van zijn daden tot een dieper niveau van oorzaken of drijfveren te herleiden'. De gedachteloze 'boekhouder van de dood', die herhaaldelijk benadrukt louter het bevel van hogerhand te hebben uitgevoerd, is niet de duivel in eigen persoon, maar is doordat hij verzuimd heeft te denken overgeleverd aan een alledaagse toestand waarin het grootste kwaad zich kan voltrekken. ‘Mensen die niet denken zijn als slaapwandelaars.’

Arendt zoekt of er iets in het denken is dat ons kan behoeden voor deze gevaarlijke gedachteloze toestand en wijst er dan op dat het denken zelf een fundamenteel gevaarlijke activiteit is. Het trekt zich terug om de wereld op losse schroeven te zetten. ‘Terwijl ik denk, ben ik niet waar ik feitelijk ben,’ schrijft Arendt. ‘Het denken gaat “buiten de orde” omdat het alle andere activiteiten doet ophouden die nodig zijn voor de taak te leven en in leven te blijven.’

Het abstracte denken heeft als voordeel dat het ons ook los kan maken uit de gedachteloze navolging van een inhumaan systeem, maar dus als groot nadeel dat het losstaat van de concrete werkelijkheid. De vraag is dan hoe een mens de stap maakt van het denken naar het doen – en als het even kan naar het goede doen. Hoe kan de denkende mens zich ook echt verantwoordelijk gaan voelen?

‘Je zult een paar keer denken dat je doodgaat. Echt hoor.’ Dat was het laatste stukje theorie dat ik kreeg, voordat ik mijn rijvaardigheid in de praktijk mocht brengen.

Dezelfde week waarin ik mijn rijbewijs haalde kocht ik in Amsterdam mijn eerste auto. Vlak voordat ik mijn grootste bezit ooit terug naar Groningen reed, had een vriend me die waarschuwende woorden op het hart gedrukt. ‘Niet om je bang te maken,’ stelde hij me nog gerust, ‘ik zeg het juist zodat je je er niet te veel door laat afschrikken.’

Al bij mijn eerste inhaalmanoeuvre op de ringweg begreep ik wat hij bedoelde. Ik verzuimde over mijn schouder te kijken waardoor ik met mijn Peugeot 205 een zwarte Volkswagen Golf haast de vangrail induwde. Geschrokken van het indringende getoeter in mijn linkeroor slingerde ik terug naar de rechter weghelft. Terwijl ik een bibberende hand ophield ter verontschuldiging kwam de Golf ronkend naast me rijden, het raampje omlaag en een middelvinger vol blinkend goud op me gericht – onbewogen, alsof hij ermee kon schieten.

Nog honderdtachtig kilometer te gaan. Maar ik was de vriend buitengewoon dankbaar voor zijn tip. Want al had ik vele uren praktijklessen gevolgd, met een instructeur naast je, wist ik nu, blijft autorijden toch vooral theorie.

'Als je wilt fietsen zonder zijwieltjes, moet je wel eerst de zijwieltjes van je fiets halen.' Dat zei mijn dochter van vier in de zomer waarin ze leerde fietsen. Het lijkt een tautologie, maar het drukt heel precies de ondoorgrondelijke sprong uit die nodig is voor het leren van iets nieuws. En niet alleen kleuters zijn gedwongen zich op dit gebied in cirkelredeneringen uit te drukken zoals blijkt uit de veelgehoorde platitude 'je moet het op een gegeven moment ook gewoon een keertje zelf doen, om te weten wat het is'.

Dat de sprong van oefening naar echt, van theorie naar praktijk, zich op een of andere manier aan ons zicht onttrekt zorgt voor onrust. Deze onrust is de motor die de onophoudelijke vernieuwing in het onderwijs aan de gang houdt.

Niemand weet precies het antwoord op de vraag hoe we van jongs af aan mensen klaarstomen om ze daarna zonder zijwieltjes de maatschappij in te laten fietsen.

Waar houdt theorie op en begint de praktijk? Dit onderscheid is bij autorijden al niet helder. Je theorie-examen bijvoorbeeld gaat helemaal niet over de theorie van het autorijden, maar over de regels in het verkeer, wat slechts een onderdeel is van autorijden. Een belangrijk onderdeel, dat wel. Belangrijker in ieder geval dan mijn schoonmoeder dacht, die het na enkele rijlessen voor gezien hield met het autorijden. Ze verklaarde daarover later dat ze autorijden niet moeilijk vond, maar het verkeer zo lastig.

Mijn instructeur was volgens mij uit op mijn geld toen hij een paar maanden voor ik uiteindelijk slaagde voor mijn rijexamen de bijna Oosterse wijsheid uitsprak: 'Theoretisch ben je er klaar voor, alleen ben je voor de praktijk nog niet goed genoeg.' Maar al was het een manier om mij nog even als klant te houden, Immanuel Kant zou het theoretisch voor mijn rijinstructeur hebben kunnen opnemen: 'Klaarblijkelijk wordt er tussen theorie en praktijk nog een tussenschakel verlangd voor de verbinding en de overgang van de een naar de ander, hoe volledig de theorie ook moge zijn.' Die schakel is volgens Kant: het oordeelsvermogen. Een soort gezond verstand dat voor iedere praktijk nodig is. 'Voor het oordeelsvermogen kunnen niet steeds opnieuw regels worden gegeven, naar welke dit vermogen zich zou moet schikken door zich eronder te stellen. Dit zou immers tot in het oneindige door kunnen gaan.' Praktijk is zodoende niet alleen het oefenen van de theorie, maar de theorie komt in zekere zin pas tot haar definitieve vorm in de praktijk. 'Zo kunnen er theoretici zijn, die in hun leven nooit praktisch worden, omdat het hun aan oordeelsvermogen ontbreekt: bijvoorbeeld artsen of rechtsgeleerden, die hun studie goed gemaakt hebben, die echter wanneer zij een advies moeten geven, niet weten hoe zij dit moeten aanpakken.'

Een kort essay van de Duitse schrijver en tijdgenoot van Kant, Heinrich von Kleist, getiteld 'Over het geleidelijk ontwikkelen van gedachten tijdens het spreken', werpt nog meer licht op deze overgang van theorie naar praktijk. Het aanspreken van verworven kennis gaat niet zonder de juiste praktijk. Dat merken we heel sterk als we een vage notie tot een heldere gedachte weten te maken door gewoonweg tegen iemand aan te praten. Ineens weten we het.

Om die reden, schrijft hij, bestaat er misschien 'geen slechtere gelegenheid om zich van een voordelige kant te laten zien dan uitgerekend een openbaar examen'. Een examen dat zonder inleiding antwoorden verlangt, mist de context die nodig is een verworven theorie wakker te schudden. We gaan dan 'haperen, en alleen een dwaze examinator zal daaruit concluderen dat [we] niet *weten*. Want niet *wij* weten, het is in de eerste plaats een bepaalde *toestand* van ons die weet.'

Je zou zeggen dat bij autorijlessen alle context voor de theorie aanwezig is. Een praktischer opleiding dan autorijles bestaat niet. Maar iedereen die voor het eerst met een rijbewijs op zak zonder instructeur naast zich rijdt, weet dat de 'toestand' waar Kleist over spreekt in alle voorgaande lessen nog niet kon worden gerealiseerd. Dat kan alleen de realiteit.

'De Fransman zegt,' aldus Kleist, 'l'appétit vient en mangeant [de eetlust ontstaat al etende], en deze op ervaring gebaseerde uitspraak blijft waar als je hem omvormt en zegt, l'idée vient en parlant [het idee ontstaat al sprekende].' Heel minutieus beschrijft Kleist hoe het idee juist door het spreken tot stand kan komen. Zijn uitleg hiervan beslaat nog geen bladzijde, en hij gebruikt daarvoor slechts één illustratie – namelijk zijn poging om zijn zus iets uit te leggen – toch ben ik bij geen filosoof zo'n rake analyse van de menselijke oordeelskracht tegengekomen.

We beginnen volgens Kleist te praten vanuit een vage gedachte, in de veronderstelling dat iets in de wereld wel verband zal houden met wat we zoeken. En omdat ons gemoed nu 'noodzakelijkerwijs ook een einde bij het begin moet vinden', werken we al pratend het verwarde idee uit 'tot iets volkomen duidelijks, zodat met de afronding van hoofdzin en bijzinnen tot mijn verbazing ook het inzicht gestalte heeft gekregen'.

Maar we worden tijdens het spreken niet alleen door de taal zelf geholpen die als een mal in staat is vorm te geven aan de nog diffuse intuïtie, maar ook door de mogelijke tegenspraak. En Kleist heeft daarmee niet een logische tegenspraak op het oog, die zou je immers door goed na te denken voor kunnen zijn. Met mogelijke tegenspraak denkt hij bijvoorbeeld aan 'een beweging van mijn zuster alsof ze me wil onderbreken, want mijn toch al gespannen gemoed wordt door die poging van buitenaf om het woord, in welks bezit het zich bevindt, te ontnemen, alleen nog maar opgewondener en stijgt boven zichzelf uit zoals een groot generaal in een noodsituatie'.

De geest van het oordeel wordt hier door Kleist op een buitengewone wijze verbonden aan de lijfelijke aanwezigheid van de ander, die met zijn lichaamstaal het gemoed van de ander bijstaat. En niet alleen in het geval van tegenspraak. 'Voor degene die spreekt is een menselijk gelaat tegenover hem een bijzondere bron van enthousiasme; en een blik die ons een half uitgesproken gedachte reeds als begrepen aankondigt, schenkt ons vaak de woorden voor de gehele andere helft.'

Kleists vitale inzicht in het samenkomen van theorie en praktijk biedt ook op het menselijk verlangen een verhelderend perspectief.

Van onze behoeftes gaan we er immers ook vaak te eenvoudig van uit dat deze in de eerste plaats op zichzelf bestaan, onafhankelijk van de wereld. Een behoefte die ons vervolgens drijft om precies dát waar het behoefte aan heeft op te sporen in de wereld. Maar ook voor onze verlangens geldt natuurlijk dat ze vaag en ongericht zijn. Het '*ik-weet-niet-wat-ik-wil-doehoen...*' van ons zoontje van drie vat deze diffuse wil goed samen. Maar zodra dit ongerichte verlangen een beetje door de wereld wordt gevoed kan het zin krijgen: 'l'appétit vient en mangeant'. En deze zin, de trek, het proeven van een smaak, zien we aan voor een oorspronkelijk verlangen. Een identificatie die op haar beurt de zin verder aanwakkert, waardoor we niet alleen meer trek krijgen, maar er ook weer de zin van inzien.

Als ik op een zondag of een woensdagmiddag uit verveling wat zeurend over de bank hing, kon mijn moeder vanachter haar correctiewerk al mijn mogelijkheden opsommen zonder dat iets hielp. Ga met de autootjes spelen, ga met de lego spelen, ga lekker naar buiten, ga een hut bouwen, ga even schommelen. Allemaal theorie, dat kon ik zelf ook wel bedenken. Slechts twee dingen konden helpen. 'Nah Coen, hou nou eens je mond, ik weet ook niet wat je wil.' Of ze zei gewoon even iets anders, zoals 'moet je kijken, wat knap dit getekend is...' Want de vraag om een oordeel trekt je van de theorie in de praktijk. Je moet je ergens in verplaatsen. En soms bedacht ik dan: 'Ja, tekenen, dat was het! Daar heb ik zin.' Of ik kwam zo weer op gang om wat dan ook te doen.

Het prikkelende idee van Kleist leert dat theorie niet zonder praktijk kan, maar ook dat je de praktijk niet kunt binnenhalen in theorie, want om als een 'groot generaal' te kunnen oordelen, moet je ook kunnen falen. En dat kan alleen als jij exclusief over het woord beschikt, en dat is niet zo bij 'praktijkervaring' waar je niet volledig verantwoordelijk bent.

In onze tijd bestaat daarentegen juist wel de sterke hoop dat de 'sprong' tussen denken en doen kan worden omzeild, door bijvoorbeeld ervaring op te doen met een instructeur of een lifecoach naast je. En door van tevoren te inventariseren welke verlangens ons drijven. En ook onderwijsvernieuwingen denken om de sprong in het ongewisse heen te kunnen door de beroepskeuze steeds verder naar voren te halen, of door het zogenaamde competentiegerichte leren, de onderwijsutopie die theorie en praktijk wil laten samenvallen binnen één leeromgeving. De 'theoretische' docent is vervangen door het zelf doen en de zelfreflectie.

Maar de beste zelfreflectie op je eigen vaardigheden komt niet van jezelf, maar van een ronkende Golf en een angstaanjagend uitgestoken middelvinger op de ringweg van Amsterdam. Eerst moeten de zijwieltjes eraf, dan pas krijgt de theorie een echte kans.

De belangrijkste functie van de school is dan ook het bieden van de tussenruimte, die zowel symbool staat voor de sprong in het ongewisse als deze ook veiligstelt. Zodra de school (nota bene van het Griekse *scholè*, 'vrij zijn van openbare bezigheden') niet in deze tussenruimte meer voorziet wordt school een schakeltje in een compleet uitgedacht ideologisch of economisch systeem. Het leert dan niet oplossingen te zoeken voor de ongewisse problemen die zich zeker zullen aandienen. En het wakkert geen verlangen aan.

Verantwoordelijkheid is dus gebaat bij de sprong. De vraag die het ongewisse aan ons stelt, vraagt om een antwoord, maar tegelijkertijd is deze vraag uit de toekomst voor ons theoretisch denken een gapend gat. De vraag om een oordeel kan dit gat overbruggen. De prikkel om iets te willen zeggen, zoals Kleist aan zijn zus, brengt het verlangen op gang. En dit verklaart misschien waarom ongericht gebabbel zo vaak tot de schoonste gedachten kan leiden. En ook het gedrag dat we vaak zo eenvoudig onder amusement, afleiding of vrijetijdsbesteding scharen zou hiermee in een ander en nuttiger daglicht kunnen worden geplaatst – in plaats van genot hebben zulke afleidingen het doel ons verlangen opnieuw ergens op te richten.

'Wat moet daar nu uitgevonden worden?' vroeg televisiepresentator Matthijs van Nieuwkerk in het praatprogramma *De wereld draait door* aan Robbert Dijkgraaf nadat bekend was gemaakt dat deze Nederlandse theoretisch fysicus directeur werd aan het prestigieuze Institute for Advanced Study in Princeton. 'De man die het opgericht heeft, Abraham Flexner, heeft eens een stuk geschreven en dat heet "Het nut van het nutteloze onderzoek",' antwoordde Dijkgraaf. Iedereen wil van tevoren weten waar het heen gaat of 'zit maar te vertellen waar je heen moet gaan, maar híj voelde dat je dat moet openlaten, dat moet je durven.'

Al kunnen we nooit uitstijgen boven de wereld of een vlucht naar voren nemen in de tijd, we kunnen volgens Arendt dit verantwoordelijk oordeel wel een beetje oefenen, namelijk in de literatuur en de geschiedenis. Wat we bij de bestudering van een historische situatie of van een literaire plot kunnen merken namelijk, is dat de geschiedenis zich niet als noodzakelijkheid voltrekt, dat er tussen de opeenvolgende gebeurtenissen geen vanzelfsprekende continuïteit bestaat. En daarin kunnen we zien dat er voor ons eigen handelen ook nog enige ruimte bestaat.

Dat blijft toch een beetje droog oefenen. Hoe oefenen we het handelen zelf, niet met terugwerkende kracht maar op het moment dat we het goede moeten doen? Daartoe dient dan misschien de waardering van het kleine kwaad van onze kinderen? Zo oefenen we om, zonder het gevaar van desastreuze gevolgen, los te komen van een slaafs volgen van een systeem. Om wakker te blijven in het leven.

10

Een droefgeestige donjuan

Verlangen om te doden

Een week voor kerst stond ik aan het eind van de avond een sigaret te roken in de deuropening van onze schuur. Het was stiller dan de dagen ervoor. De gure wind was gedraaid, zodat ik nu in de luwte van het huis kon staan. Alleen aan het wiegende silhouet van de bomen aan de overkant van het Boterdiep kon ik zien dat het nog steeds flink woei. Ik staarde gedachteloos in het donker toen plotseling over de natte straatstenen een beest mijn richting uit schoot. Ik verstrakte, maar in deze verlammende betovering werkten mijn zintuigen meteen op volle sterkte.

Paniek om niets. Het was de gestreepte poes van de buren, die ik hier vrijwel elke avond zag passeren. Mijn overspannen reactie was het eerste resultaat van een nieuwe ervaring die ik die dag had beleefd. Ik was als drijver mee op jacht geweest. Hazenjacht. Van 's ochtends vroeg tot zonsondergang had ik samen met vijf andere drijvers heel geconcentreerd over de weiden en het bouwland in het Noord-Groningse Garreweer getuurd naar weggedoken hazen.

Uit de kleivlakten die tot aan de horizon niets leken te kunnen verbergen kwam zo nu en dan totaal onverwacht een haas naar boven alsof het land ze zelf losliet. 'Jaah!' klonk er dan uit de mond van de eerste drijver die het beest zag. De opgewonden kreet stond in schril contrast met het lome gehuppel waarmee het beest in de eerste seconden een richting koos. Maar eenmaal in volle vlucht bewoog het vastberaden en in overeenstemming met onze kloppende harten richting de geweren. De afloop liep echter net als het begin zelden synchroon met de spanningsboog van ons verlangen. Op deze vlaktes is het lastig afstanden inschatten. De versnelling van de haas leek op die van een vuurpijl, maar het doffe geluid van het schot hagel kwam vaak veel trager dan je van zo'n pijl verwacht. Of veel eerder, van een geweer dat wij vanaf het veld niet hadden zien zitten. En soms bleef het stil en wist je niet wat er gebeurd was.

De hazen die pal voor de jager gingen zitten werden gespaard, net als de exemplaren die de sloot overzwommen, leerde ik van de dochter van de jachtleider. Een kwestie van weidelijkheid, zei ze met een betekenisvolle blik. Ik nam maar aan dat ze doelde op iets wat voor de jager het midden houdt tussen moraal en sportiviteit.

Ze was voor het eerst niet als drijver maar als jager mee. In de taal van de jacht hoorde ze nu dus bij de 'geweren'. Bij de tweede drift was het raak. Ze schoot haar eerste haas. Toen ik kwam kijken vroeg ze me haar geweer vast te houden. Het stond open, als over een knie geknakt. Ik keek naar een sierlijke gravure van opvliegende eenden in het metaal boven de trekker. Ze liet de haas pekelen. Een dun straaltje plas spetterde op de klei.

Onderweg naar de volgende drift duwde een van de drijvers me de haas in handen. Ik strekte mijn arm en keek naar het langgerekte lijf dat ik aan zijn achterpoten voor me uit hield. 'Een kilootje of drie,' zei een van de jagers. Ondanks de kleine bloedvlek in zijn vacht leek het of het beest zich voor dood hield en dat zodra ik 'm zou loslaten hij het opnieuw op een rennen zou zetten. De nietszeggendheid van een lijk is moeilijk te verteren. Het grote onbegrip voor de dood vraagt om antwoorden, maar van het lijk zelf zul je ze niet krijgen. Toch kijken we doorgaans naar de doden alsof ze ons na lang turen een groot geheim kunnen prijsgeven.

Door de poes van de buren verscheen het beeld van de zes dooie hazen en de eend opnieuw voor mijn ogen – de vangst die meteen na de jacht op de vloer van een boerenschuur was uitgelegd.

Ik keek de poes na, die in het geheel niet meer opschrok van haar rokende buurman. Met haar oortjes iets naar achteren en haar staart vlak boven het wegdek trippelde ze in een vastberaden lijn het erf op van onze overburen. Ik merkte dat ik het beestje nog nooit eerder zo had bekeken. Ik weet natuurlijk wel dat ieder huisdier nog een kern van ongetemde natuur in zich bergt, een kern die zelfs de trouwste hond nog een aanblik van vreemdheid kan geven, maar dit was iets anders. Vreemder. Het was niet alleen 'de natuur' die zich toonde in deze kat in de nacht, het was het vlees en bloed dat voor mijn voeten langs voorbijtrok. In dit vlees en bloed, dat wild en vreemd was, ontwaarde ik een ziel. Ik had helemaal niets met dit beest gehad, tot op dit moment, waarop het van zijn alledaagse identiteit was ontdaan – het was niet meer de poes van de buren – en zelfs van zijn natuur ontdaan – het was niet meer een poes. Als je alle voorstellingen waarmee we naar de wereld kijken weghaalt, blijft er toch nog wat over. Iets wat we in andere tijden een ziel zouden noemen, een wereldziel, die in alle toevallige verschijningen kan oplichten.

Allard de Vries zat bij mij in de brugklas, maar ik kende hem al veel langer. Allard was de drukke en verwende zoon van rijke kennissen van mijn ouders. We scheelden een maand in leeftijd. Er is een foto van ons waarop we samen met alleen een luier om in de box in onze tuin staan. Na de kleuterschool was ik hem wat uit het oog verloren, maar sinds we samen naar school fietsten kwam ik weer vaak bij hem over de vloer.

Bij Allard leek alles op *Dynasty*. Ze hadden paarden, meer dan drie auto's, een vliegtuig en een zwembad. Zijn vader dronk overdag whisky, en zijn moeder leek zelfs heel veel op Krystle Carrington, met datzelfde blonde bolgeföhnde kapsel en met een aangename zwoele stem, die ze waarschijnlijk te danken had aan haar sigaretten, maar dat wist ik toen nog niet. Het was op den duur zelfs zo dat als we thuis naar *Dynasty* keken, ik hun huis meende te ruiken, een zoete lucht vermengd met amandel, zwembadchloor en de geur van natte jachthonden.

Op een middag ging de moeder van Allard voor een boodschap naar het dorp. Allard keek haar na door het raam in de zithoek van de woonkamer. Toen de stofwolk die haar Range Rover boven hun oprijlaan maakte was gaan liggen begon hij te hinniken en trok me mee. Uit de wapenkast onder de trap haalde hij een geweer met een kijker. 'Een punt 22 jachtgeweer,' vertelde hij. Daar schoot zijn vader mee op groot wild. 'En nu komt het... Ik weet waar de kogels liggen!' Hij begon weer te hinniken en duwde me de slaapkamer van zijn ouders in. In de donkere houten kledingkast lag op een plank achter satijnen nachthemden een grote doos met heel veel kleinere doosjes. Hij tikte op de palm van zijn hand een glimmende kogel uit een van de doosjes en lachte. Zulke dodelijke dingen had ik nog nooit in het echt gezien.

Ik kon een beetje schieten, want mijn vader had een buks. Met bonzend hart volgde ik Allard. Hij liep de wei in achter het huis, richting het kleine berkenbosje waar we als kleuters hutten hadden gebouwd, en dat we 'de oase' noemden. We zagen van verre de zangvogeltjes het bosje in en uit vliegen, maar eenmaal tussen de bomen was van die levendigheid niets meer te bekennen. Daar stonden we dan in het hobbelige dorre gras met het zware geweer, dat Allard vasthield alsof hij ons ermee door een moeras roeide. De takken bleven leeg, zelfs geen muisje ritselde in de droge greppels.

Bij Allard was ik altijd op mijn hoede, vooral als hij zich verveelde kon hij onverwacht uit de hoek komen. Stoeien en vechten liepen bij hem nogal eens in elkaar over. En met het doorgeladen jachtgeweer tussen ons in was ik allerminst op mijn gemak. Hij zette de kolf aan zijn schouder en tuurde door de kijker. De loop wees naar een oud kraaiennest. Ik kneep preventief mijn ogen tot spleetjes alsof daardoor een onverwachte knal minder hard zou klinken.

'Ti-ti-tsjuuw, ti-ti-tsjuuw, ti-ti-tsjuuw, ti-ti-tsjuuw,' klonk het ineens helder en hees tegelijk. Een eenzame koolmees. Zo'n bekend zomers geluid dat Allard het niet eens opmerkte. Ik tikte zacht op zijn schouderbot. Zonder uit zijn schiethouding te komen probeerde hij me aan te kijken. Zwijgend wees ik richting het meesje dat nog geen twintig meter bij ons vandaan in de kruin zat van een middelgrote berk.

Ik dacht aan de kogels tussen de satijnen hemden, terwijl Allard het vogeltje in het vizier hield. Het was geen harde knal. Teleurstellend zwak zelfs. De mees was nergens meer te bekennen. Ik had niets uit elkaar zien spatten en er dwarrelden geen veertjes door de lucht. We renden naar de boom.

Op onze opwinding volgde niets. We hebben wel een kwartier gezocht naar sporen van de mees. Geen teken van leven, geen teken van dood. Het bleef stil. De gevaarlijke kogels, het zware geweer, de professionele kijker, zonder slachtoffer hadden ze geen betekenis. Zinloos geweld.

Nog voor we enig idee hebben wat dood betekent schieten we er als kind lustig op los, met speelgoedpistolen, waterpistooltjes, of gewoon met een wijsvinger. Natuurlijk ontkomt een antropologische analyse van onze relatie tot het vuurwapen niet aan de gewelddadige betekenis die het schieten om te doden onmiskenbaar heeft – een geweld dat misschien zelfs in het spel van kleine kinderen al een belangrijke rol speelt.

Maar door de gewelddadigheid van het verlangen wekt de analyse zoveel schaamte, dat we met moeite de andere gevoelens die rondom dit verlangen spelen onder ogen durven komen. En daarmee zien we een veel onschuldiger neiging ervan over het hoofd. Ja, zelfs een liefdevolle neiging. Met een tragisch einde, dat wel. Een neiging die de pijl van Eros een diepere betekenis geeft.

Hoewel de dood meestal het einde is, is het zelden het doel van geweld. Vergeeft u me het volgende voorbeeld. Net als we best iemand anders zouden willen zijn zonder onszelf helemaal op te geven (anders kun je immers aan deze identiteitsverandering geen plezier beleven), zo is de wens iemand volledig te vernietigen ook nooit ondubbelzinnig. We wensen in dit geval namelijk dat diegene op een of andere manier tegenwoordig blijft na deze vernietiging. Niet uit perversie, maar omdat de vernietiging van een persoon is geadresseerd aan diezelfde persoon. En in dit vanzelfsprekende feit dat hij niet de ontvanger kan zijn, schuilt de onophefbare teleurstelling van het verlangen.

Dood is zogezegd, *excusez les 'morts'*, de ondoordachte afloop van het verlangen iemand definitief te raken. Zoals voortplanting ook hooguit de afloop is van een individuele vrijpartij, maar zelden het doel. De jager is een droefgeestige donjuan.

Tijdens een zomervakantie in de Franse Cevennen kampeerden we aan een klein riviertje, waar op een middag een stok in het water mijn aandacht trok. Het ding dreef tegen de richting in, vlak bij mijn vader die wadend naar de oever onderweg was. Vanaf het strand zag ik hoe het plotseling begon te kronkelen. 'Een slang! Pap!' Ik wees. Mijn vader versnelde zijn pas en rende daarna naar de tent om zijn filmcamera te halen.

Ondertussen ontstond commotie op het kleine strand. En terwijl alle badgasten het beest bewonderden, was er een grote jongen die een heel zware steen optilde en op veilige afstand met een grote boog boven op de slang in het water liet landen. Een machteloos gebaar, maar duidelijk een poging om in contact te komen met het weerzinwekkende schepsel, dat ongenaakbaar verder kronkelde.

In de roman *Gloed* van de Hongaarse schrijver Sándor Márai treffen de oude boezemvrienden Henrik en Konrád elkaar 41 jaar nadat Konrád ineens uit Henriks leven was verdwenen. Tijdens dit weerzien, dat hun laatste ontmoeting zal zijn, reconstrueert Henrik aan tafel beetje bij beetje de jaren die vooraf zijn gegaan aan hun verwijdering. De mannen die het grote klassenverschil tussen hen met hun vriendschap wisten te overwinnen vielen noodlottig genoeg op dezelfde vrouw. In de vroege ochtend voor Konráds plotselinge verdwijning raken ze bij de jacht 'in een dicht sparrenbos' achterop.

'Ik liep voor je en bleef staan, want in de verte, op driehonderd meter afstand, verscheen een hert tussen de sparren. (...) Jij zag het ook en stond tien passen achter me. Dat zijn de momenten voor jager én wild, waarin je met je scherpste zintuigen de werkelijkheid bespeurt. (...) Ik voelde dat je het wapen optilde, aan je schouder zette en richtte. (...) Mijn hoofd en de kop van het hert bevonden zich in exact dezelfde lijn. (...) Zo stond ik te wachten op het schot, ik wachtte tot jij de trekker zou overhalen en ik gedood zou worden door een kogel uit het wapen van mijn vriend.'

Henrik, anders dan Orpheus, kijkt niet om.

'Op het moment dat jij je wapen richtte om me te doden,' fluistert hij tegen Konrád aan tafel tijdens hun laatste weerzien, 'was die vriendschap misschien wel levendiger tussen ons dan ooit daarvoor.' En dichter dan Henrik en Konrád elkaar in het sparrenbos waren genaderd zullen mensen misschien ook nooit geraken.

Henrik had de zachte klik van de haan van het geweer gehoord en wist dat alleen de vinger van Konrád op dat moment over zijn leven oordeelde. Inniger dan door welke omarming dan ook kun je niet tot iemand doordringen. En Henrik beseft dat. 'Wanneer het lot in een of andere vorm direct onze persoonlijkheid aanspreekt en ons als het ware bij de naam noemt is er onder de beklemming en de angst ook een soort aantrekking, want de mens wil niet alleen leven, tegen elke prijs, nee de mens wil zijn lot volledig kennen en aanvaarden, zelfs ten koste van gevaar en vernietiging.'

Als het hert het bos inschiet is het moment voorbij. Een definitief treffen blijft uit. Stilzwijgend lopen ze verder. Henrik nog steeds zonder om te kijken.

'Er is een schaamtegevoel dat het pijnlijkst is van alles wat een mens in het leven kan meemaken: het schaamtegevoel dat het slachtoffer ervaart wanneer het zijn moordenaar in het gezicht moet kijken. Dan schaamt het creatuur zich tegenover de Schepper. Daarom keek ik je niet in het gezicht (...) toen de verlammende betovering, die ons beiden fixeerde, verbroken was.'

Het contact dat de jager in zijn schot najaagt is niet alleen het contact met dat ene bezielde wezen, dat hij paradoxaal genoeg om zeep helpt. Het toeval speelt een belangrijke rol in het jagen. Vandaar ook die zelf opgelegde plicht van weidelijkheid. Wat ik besefte de avond na de hazenjacht is dat we nooit weten welke hazen we treffen, waar de hazen de kop opsteken, hoe ze zullen lopen, en of ze geraakt zullen worden. En zodra ze definitief geraakt worden, dan is met die haas, op die plek en op dat tijdstip niet alleen het lot van de haas, maar ook het fatum van de jager bezegeld. En in dit fatale treffen houdt de jager van zijn prooi, dit is zijn *amor fati*.

11

Als de dingen feestvieren

Verlangen naar verandering

In Utrecht woonde ik als student lange tijd vlak naast een stalen spoorwegviaduct. Alleen 's nachts hoorde je niet het zware geluid van ijzer op ijzer bij het binnenrollen van een trein. Vlak achter het viaduct lag een grote kruising, waarvan ik de verkeerslichten nog net kon zien door het raam aan de straatkant. Iedere nacht voor ik ging slapen bleef ik een ogenblik turen naar de knipperende oranje lampen van de verlaten kruising. Soms lijkt het alsof 's nachts de levenloze dingen een ziel krijgen. Zo had ik dikwijls het gevoel dat ik de verkeerslichten betrapte op een vrolijkheid die ze overdag verborgen hielden in hun strenge schema waarmee ze het chaotische verkeer tot opschieten maanden of dwongen tot stilstand. In de afwezigheid van het lawaai en de drukke bewegingen van de dag werd er 's nachts, zo constateerde ik vanachter mijn gordijnen, een heimelijk feest gevierd.

Wat zouden de dingen vieren, als ze daadwerkelijk een ziel hadden? Waarschijnlijk hetzelfde als wij. Maar wat hebben wij dan te vieren? Wij vieren herhalingen: het begin van de lente, het einde van een jaar, de geboorte van een kind en ten slotte altijd weer onze doden. Hoe feestelijk kun je het krijgen in een bestaan waarin alles wat opkomt ook telkens weer ondergaat? Het kan zo zinloos lijken, alle moeite die we getroosten om groot te worden in de wereld die we zodra we het zijn – of meestal eerder – weer verlaten. Niet voor niets laten velen van ons liever hun verjaardag in stilte voorbijgaan, zeker naarmate we wat ouder worden – niet alleen omdat we dichter bij de dood komen, maar vooral omdat we in het licht hiervan steeds beter zien hoe weinig we zelf in te brengen hebben. Het gaat allemaal nergens heen. We staan op met hoop en vallen vervolgens in voortdurende herhaling. Maar de mens lijkt toch een keuze te hebben. Gelijk de woorden van Barack Obama bij zijn inauguratie als president van de Verenigde Staten van Amerika in 2009: '*Do we participate in a politics of cynicism, or do we participate in a politics of hope?*'

Iedereen die weleens wakker ligt, weet dat de nacht twee gezichten heeft. Een lichte en een donkere kant, net als de aarde zelf eigenlijk, die altijd maar aan één kant in duisternis is gehuld. De zorgelijke kant van de nacht heeft zijn oorsprong in de beperkte blik die het donker nu eenmaal aan ons oplegt, de zorgeloze kant dankt zijn lichtheid aan de ogenschijnlijke tijdloosheid van de nacht. Want dat is misschien wel het grote verschil met de dag. Niet het verschil in licht, maar het verschil in tijd. De nacht, met zijn stille straten vol geparkeerde auto's, pauzerende verkeerslichten en gevels met donkere ramen, heeft alle tijd. Hij is niet als de dag in drieën gedeeld. Hij is voortdurend alleen maar nacht totdat de dag hem wekt en de tijd weer begint te tikken. Hoewel we met het feest en de roes vaak genoeg pogingen doen de eindeloosheid nog wat langer te rekken ontgaat ons vrijwel altijd de ware aard van de eeuwigheid die in de stilte van de nacht doorklinkt. We denken dat de nacht stil is door de afwezigheid van geluid en we denken dat hij donker is door de afwezigheid van licht. Dat het eigenlijk andersom is kwam ik door een toevalligheid op het spoor.

Op een van de eerste nachten dat ik in Utrecht na een feest terug fietste raakte ik zonder het te weten van de route. Ik meende de Oudegracht te zijn op gedraaid, een drukbezochte gracht met kroegjes en werfkelders, maar trof een verlaten gracht met donkere werven waar geen enkel teken van vertier hing en waar de stilte alleen werd verbroken door de slinger in mijn achterwiel. Ik weet niet hoe lang het heeft geduurd voor het gevoel verdween dat ik in een parallelle wereld was terechtgekomen, eentje waar het toevallige ontstaan van de mens aan voorbij was gegaan, maar die wel helemaal klaar was gemaakt voor zijn komst. Door een verkeerde afslag ergens in het universum was ik op mijn fiets van vijftien gulden een onbezielde wereld in gefietst. Toen ik ten slotte de knipperende verkeerslichten voor het Centraal Museum voorbij fietste wist ik dat ik weer terug was in het Utrecht van 1991. Doordat ik pas thuis op mijn kamer met de kaart in de hand ontdekte dat er ook een Nieuwegracht was, parallel aan de Oude, en vast ook doordat ik gedronken had, verkeerde ik zo'n lange tijd in het beeld van een mensloze wereld dat het zich vastzette in mijn verbeelding. Je zou het cynisch kunnen afdoen als de blijvende schade van een lichte psychose, maar zonder de gebeurtenis had ik deze eigenaardigheid van de nacht nooit ervaren. Ik had een glimp opgevangen van de schepping.

Ik beschouwde mijn gewaarwording van een mensloze wereld als een van de mooiste, maar tegelijk ook minst betekenisvolle ervaringen. Het gevoel dat ik erbij had leek op het gevoel dat je kunt hebben bij een schilderij of een muziekstuk. Heel indringend, maar afgezien van het plezierige gevoel: volkomen nutteloos. Het kwam overeen met wat ik van de filosoof Immanuel Kant had gelezen over de esthetische ervaring: belangeloos, en zonder doel. Want wat heb je eraan de wereld te zien als een schepping waar geen mensenhand aan te pas is gekomen? Niets, vond ik, want we leven als mens nu eenmaal nooit in een mensloze wereld. Dus hechtte ik er alleen als beeld waarde aan. En vanwege de eigenaardige schoonheid van de gedachte moest ik er nog vaak aan denken. Het verbaasde me niet dat de herinnering meestal in gang werd gezet bij het horen van een muziekstuk of het zien van een schilderij. Het domein van de kunst, daar hoorde deze gedachte thuis.

Maar onlangs was het juist de kunst die mijn gedachte op een ander spoor bracht. Al enige tijd volgde ik het werk van de hedendaagse schilder Isabella Werkhoven (1969). Zoals je dat bij schilderijen kunt hebben, had ik dat aanvankelijk ook bij die van Werkhoven: ze intrigeerden zonder dat ik kon zeggen waarom. Met een realistische en soms hyperrealistische aanpak schildert ze doorgaans heel gewone plekken. Een zwembad, een tennisbaan, een plein, een plantsoen, een bos, een bushalte. Maar door de opvallende en bijna volkomen afwezigheid van menselijke activiteit op deze vaak juist al te menselijke plekken toonde Werkhoven mij dat niet alleen in de nacht maar ook overdag een mensloze wereld te ontwaren is. Haar werk bleek in staat mijn vreemde nachtervaring van jaren geleden aan de duisternis te onttrekken en sindsdien zie ik het ook zonder de kunsten. Werkhoven toont iets van de wereld waar we normaal gesproken geen oog voor hebben, omdat het zo verschrikkelijk lastig is de wereld te zien zonder een al te menselijke blik erop. We zien een wereld die ontmenselijkt is, maar niet onmenselijk is. Integendeel, haar schilderijen bloeien van hoop.

Steeds sterker heeft daardoor bij mij het idee postgevat dat het, hoe gek het ook mag klinken, een bijzondere menselijke gave is om voor een moment van onze antropomorfe blik af te zien. En dan bedoel ik niet zoals de biologie dat doet, door ons als een dier onder de dieren te zien, of door de mens als een evolutionaire toevalligheid te beschouwen. Dat is allemaal theorie, het gaat mij om de gave het bestaan daadwerkelijk als mensloos te beleven. Niet als een kil bestaan, maar als een bestaan waarin mensenhanden geen rol spelen. Een gave die veel minder vrijblijvend is dan het mij op het eerste gezicht scheen. Geen belangeloos intellectueel of esthetisch spel, maar een capaciteit waarover alleen morele wezens beschikken. Ik vermoed dat in die vreemde ontmenselijkte blik de oorsprong ligt van die evenzo vreemde menselijke neiging van de hoop.

Want als er een menselijke neiging is die veelvuldig misbruikt wordt dan is het deze wel. Er bestaat zogezegd een hoop onzin over hoop. Het is natuurlijk eenvoudig om hoop als een leugenachtige gemoedstoestand voor te stellen. Want beschouwen we hoop voor enig moment in het licht van de eindigheid of in het licht van de eeuwigheid (het is maar net hoe je het bekijkt) dan is hoop altijd valse hoop. Wat stelt mijn hoop nog voor als ik dood ben en wat zou hoop voor kunnen stellen in een bestaan dat geen einde kent? Hopen is in de ogen van deze cynische voorstelling hooguit een elegante vorm van wanhopen.

Maar toch is er hoop, zoveel is zeker. Daartoe hoef je alleen onze verhouding tot de seizoenswisselingen maar te bekijken. Het zijn niet de vogeltjes, het is niet hun gekwetter dat ons vrolijk maakt, het is het *terugkeren* ervan. Want hetzelfde voelen we als de eerste kou weer in de lucht zit en we twijfelen of de kachel alweer aan moet. Het opmerkelijke aan de seizoenen is wat opvalt aan al onze vieringen: het zijn herhalingen die we niet als saai of monotoon ervaren, maar juist als hoopvol.

De vergelijking die mogelijk wordt gemaakt door de herkenning van een zich herhalende situatie toont ons niet alleen gelijkenissen maar ook de onafwendbare verschillen – de variaties op hetzelfde thema. Alleen al het feit dat we weer een jaar ouder zijn, geeft aan elk verjaardagsfeest een andere waarde. Daarom keren de zomer, herfst, winter en lente niet ieder jaar terug als dodelijk saaie herhaling. Ze verdiepen onze ervaring van het er alleen maar zijn. Op het moment dat je proeft, ruikt en ziet wat je al vele malen hebt ervaren rond dezelfde tijd van het jaar, weet je dat je ervaring toch niet precies dezelfde is als de vorige keer. Dit is de zeef van de tijd: juist in de herhaling wordt het onzichtbaar onveranderlijke zichtbaar. De herhaling toont dat er iets is en niet niets.

Hoop moeten we niet te letterlijk nemen. Niet als voornemen, wensdroom of utopie. Dat doen we natuurlijk nu wel bij de hoop die Obama heeft uitgesproken. Dat is het paradoxale aan toekomstdromen, die zijn met het uitspreken ervan meteen voltooid verleden tijd. De hoop die Obama bij zijn inauguratie uitsprak is een meetlat geworden waar hij en de hele wereldvrede telkens aan worden afgemeten. Hoop op deze cynische manier opgevat biedt een perspectief dat elke voorspoed in een desillusie verandert. Maar de hoop die Obama uitsprak was niet voor ooit bedoeld, maar voor het ogenblik. Niet een hoop op een beter bestaan, maar de hoop op het bestaan zelf. Een hoop zonder sacrale verlossing, en zonder profane utopie. Een hoop die dus niet nog wordt verwacht of nog gerealiseerd moet worden, want voor die hoop vechten we elkaar toch alleen maar de tent uit. De enige hoop die er is, is er altijd al. Net als de wereld zelf. Hoop is het enige verlangen dat haar doel al bereikt in het verlangen zelf. En daarom sterft hoop altijd als laatste. Niet uit naïviteit, maar omdat hoop doet leven.

De echo van deze hoop is hoorbaar in Bachs Goldberg-variaties die de Canadese pianist Glenn Gould in 1981 vastlegde tijdens de nachtelijke opnames in de Columbia-studio aan 30th Street in New York. Zijn eerdere vertolking van deze variaties uit 1955 is ook al wonderschoon, maar hierin gloort nog een al te menselijke hoop door, dat hoor je zodra je die van 1981 eenmaal kent. Te veel wensen nog, die allemaal zijn verdwenen in 1981 – misschien omdat je als 49-jarige niet meer denkt zelf je lot in handen te hebben, misschien omdat Gould toen alleen nog 's nachts speelde.

Wat overblijft is geen desillusie maar een liefdevolle omarming van het bestaan zoals we het in de schoot geworpen kregen.

Na Goulds vroege dood ruim een jaar na de opnames blijft een lege stoel over, de stoel waar hij zijn carrière lang op speelde en aan prutste voor de juiste houding achter zijn vleugel. Het is een stoel die je niet gauw zou meenemen als je 'm 's nachts aan de straat zag staan. De vulling komt uit het leer en de zitting vertoont, geconcentreerd op het puntje waar de pianist zat, een gapend gat. Maar in deze gehavende zetel is een ziel neergedaald, even groot als het bestaan en even vluchtig als het ogenblik; verwant aan 'Het ogenblik' zoals Jorge Luis Borges het ooit dichtte:

Waar zijn de eeuwen heen, waar is de droom
Gebleven die Tartaarse zwaarden droomden
En waar de zware muren die zij sloopten,
Waar is het Hout en waar is Adams boom?
Het heden is alleen. De heugenis
Bewerkt de tijd. Opeenvolging, bedrog
Is de routine van de klok. Zo hol
Het jaar, zo hol is de geschiedenis.
Tussen ochtend en avond ligt een spanne
Van zieltogen, van lichten en van angsten;
Het gezicht dat zich ziet in de versleten
Spiegels van de nacht is niet meer hetzelfde.
Het vluchtig nu is even ijl als eeuwig;
Verwacht geen andere Hel, geen andere Hemel.

12

Djam karet

Verlangen naar een afloop

Tegenover mijn lagere school in Eerbeek stond een bejaardenhuis. De twee gebouwen werden van elkaar gescheiden door een plantsoen met een smalle weg rondom, en door een eeuwigheid in tijd.

Rollators bestonden nog niet. Ik herinner me alleen wandelstokken en rolstoelen, en het kleine gebochelde vrouwtje dat met een looprek en een witte poedel een groot deel van de ochtend onderweg was een rondje te maken om het kleine plantsoen. Alleen al de tijd die ze nam om met rek en hond de glazen voordeur uit te komen maakte van de bejaarde vrouw een ander wezen – ondertussen leerden wij schrijven en rekenen.

Ik weet niet of het plantsoen er nog altijd zo bij ligt, maar als het zo is dan zal niemand er iets bijzonders aan zien. Het was een doodgewoon plantsoen. Alleen ik zal het nooit met een neutrale blik waarnemen. Als een smaak vormt het een onderdeel van talloze herinneringen aan de zes schooljaren die ik er doorbracht. Uit de gebeurtenissen die her en der in mijn geheugen verspreid liggen kan ik het stuk grond wel zo'n beetje reconstrueren: een ovaal grasveld met aan de ene kant een Japanse sierkers tussen lage rododendrons, dan halverwege twee sparren en een berk, en aan het andere uiteinde een strook rozenbottelstruiken.

Dit stuk grond dat door een kniehoog ligusterheggetje werd begrensd, vormde het overgangsgebied van de wereld die onder het toezicht stond van mijn meesters en juffen, naar de wereld waar mijn vader en moeder het voor het zeggen hadden. Zodoende was het het eerste openbare domein dat ik zelfstandig betrad – mijn kennismaking met de echte wereld. Tussen de middag wachtte ik er op mijn vader en in de winter hebben we er een paar keer angstaanjagende sneeuwbalgevechten gevoerd met de grote jongens van de mavo pal naast onze school.

Vooral in dat vaak lange wachten op de gele Volvo van mijn vader is het plantsoen een onlosmakelijk onderdeel van mijn herinneringen gaan vormen – op de wijze waarop filmmuziek je blik kan sturen zonder dat je doorhebt dat de muziek is toegevoegd aan het beeld.

Wie ergens naar uitkijkt merkt eigenlijk pas goed dat de wereld geen kijkdoos is waar je naar eigen believen een blik in kan werpen. Je hebt je uitzicht niet voor het kiezen. Dat besef dringt soms door tijdens het wachten. Een blik werpen in de wereld is een misleidende uitdrukking. We werpen geen blik in de wereld, onze blik is gemaakt van de wereld. Van welk spul zou onze waarneming anders zijn gemaakt dan van het stof van de wereld?

Van een somber stemmende omgeving zeggen we dat ze onze kijk op de wereld beïnvloedt, maar het is dus radicaler: ons kijken voltrekt zich alleen in de wereld en wordt zodoende dus niet zozeer beïnvloed door de grillen van wereld, maar *is* de wereld zelf, en dus even grillig als de wereld – deze wereld, die we aan den lijve ervaren. Dat verklaart ook waarom een naargeestig uitzicht zo moeilijk is te negeren, we *zijn* dit uitzicht.

Als we het wachten voorstellen als de afstand op een tijdas tussen het eerste moment van uitkijken naar iets en het uiteindelijke arriveren ervan dan ontgaat ons de rol van de waarneming in het wachten. Je zou misschien zeggen, wachten, het verlangen naar een afloop, dat kan overal. Het gaat immers om datgene waarop het wachten is, niet om dat waar je al wachtend tegenaan kijkt. Maar dat kan nooit helemaal het geval zijn. De wereld waarin je wacht bepaalt de inhoud van dit verlangen. Net als we niet kunnen kiezen in welke wereld we worden geboren, kiezen we ook niet de plekken waar we gedurende ons hele leven op dingen wachten.

Wachten is niet alleen maar een tijdspanne, het is een oorspronkelijk contact met de wereld, dat er zo nu en dan in slaagt om het tempo van de wereld synchroon te laten lopen met het tempo van de individuele beleving.

Niet al het wachten leidt ook tot ongeduld. Het wachten op een trein die in de verte nadert is een ander wachten dan het wachten op een nog niet zichtbare trein. Ook als de gemeten tijd in beide gevallen gelijk is. En ongeduld is ook niet recht evenredig met de lengte van het wachten. Het ongeduld neemt juist toe naarmate het doel dichterbij komt. Het sterkst voelen we dat als we onderweg naar huis nodig moeten plassen, dit wordt pas echt onhoudbaar zodra je de sleutel in de voordeur staat te priegelen.

Bewust of onbewust kennen we ook allemaal de ambivalentie van het lange wachten. Het verlangen naar een afloop kan een bitterzoet verlangen zijn: aan de ene kant de frustratie geen einde te kunnen maken aan het *niet* gebeuren, en aan de andere kant het genot van deze onmacht – wie wacht is niet verantwoordelijk voor het bereiken van het verlangde. Hij is evenveel slaaf als vrij van de tijd. Cornelis Verhoeven ziet deze dubbelzinnigheid terug in het talige onderscheid tussen wachtenden en wachters. Waarbij de wachtenden 'menen te weten waarop zij wachten' en 'de tijd van het wachten, het uitstel van de vervulling', tot nul willen reduceren 'omdat zij die als een verlies en nodeloos oponthoud beschouwen'. De wachters daarentegen 'zijn de wakenden, de wakkeren. Zij weten niet waarop zij wachten of: in werkelijkheid wachten zij alleen maar op het onverwachte dat zich op elk moment kan voordoen.'

Dit laatste laat zich natuurlijk makkelijker dulden. 'Het is moeilijker ons passief en duldzaam te gedragen tegenover machten die wij menen te kennen, die met ons zelf te vergelijken zijn, en waaraan we ons niet willen onderwerpen, dan een afwachtende houding aan te nemen tegenover de superioriteit van de anonieme werkelijkheid en de ondoorgrondelijke wetten van de natuur of het lot, waaraan wij onderworpen zijn zonder te weten hoe en waarom.'

Als ik op het stoepje aan de kant van de rozenbottel of vanaf het grasveld zelf uitkeek naar de auto van mijn vader, genoot ik vooral van de vrijheid van het wachten. En tegen de tijd dat de gele Volvo, die ik voor mijn geestesoog al verschillende keren de straat in had zien draaien, daadwerkelijk de bocht om kwam had de wereld een geleidelijke gedaantewisseling ondergaan.

Vanachter de grote vensters van het klaslokaal vertoonde het plantsoen met ervoor de wachtende ouders nog wel de gelijkenis met een kijkdoos, niet in de laatste plaats omdat iedere dag vrijwel hetzelfde geluidloze patroon was te zien. Met de Daf van de moeder van Sander Steenhuis die als eerste aan de kant van de weg verscheen, de fietsende moeder van Jeroen Nieuwenenk steevast als tweede, tot aan de gehaaste moeder van Agnes, die achteroverleunend trok aan de riem van een naar alles blaffende bouvier. Zodra wij werden losgelaten in dit panaroma leek de wereld inclusief haar tijd even van ons. Moeders bleven nog even praten en wij renden nog wat heen en weer over de weg en het plantsoen.

Het wachten op mijn vader begon pas als de laatste auto's mij alleen lieten met het plantsoen. Soms stond de Volvo al wel op de parkeerplaats van het bejaardenhuis, waar mijn vader ook patiënten had. Een heel enkele keer zag ik hem zelfs al even, als hij met zijn zwarte dokterstas door de gang van het gebouw liep, maar dat betekende niet dat hij ook al klaar was met zijn visites.

Al wist ik dat hij 's avonds van mijn moeder de wind van voren kreeg als hij weer eens te laat was voor het avondeten, ik geloof niet dat ik toen al zijn voortdurende te laat komen weet aan een slechte planning. Hij had in mijn ogen een belangrijk beroep dat zich nu eenmaal niet zomaar naar de banale school- en etenstijden liet voegen. En ik ben er blij om dat ik er zo over dacht, want als ik me had geërgerd aan een tekortkoming zou het wachten een ongeduldige wending hebben gekregen. En dan had ik de zoete kant van het wachten misschien helemaal niet leren kennen. Zodra iedereen weg was kon deze zich soms voordoen.

Het begon als een spelletje uit verveling. Het doel was zo lang mogelijk geen teken van leven te zien. Ik keek alle kanten op, om me ervan te verzekeren dat ik als enige aan het wachten was. Achter de ramen van de school, het bejaardenhuis en het rijtje huizen aan de kant van de sierkers hoopte ik niets te zien. Er mocht geen auto, fiets of voetganger passeren, liefst ook niets te horen zijn. Ongemerkt veranderde zo mijn wachten in de wereld waarin ik wachtte, het plantsoen, het bejaardenhuis, het zwarte asfalt van de weg. De wereld was niet langer een object van de waarneming, maar de waarneming zelf.

Ik heb de vreemde uitdrukking 'tussen de middag' altijd verbonden aan het gevoel dat dit moment teweegbracht, het punt waarop tijd, wereld en mijn beleving onlosmakelijk in elkaar over leken gegaan.

Het allermooiste wat dan nog kon gebeuren was als te midden van deze stilte mijn vaders auto ineens verscheen, en dat we waren vertrokken voor een andere ziel zich in deze wereld had vertoond.

Ook ik moet me altijd haasten om tijdens het middaguur op tijd bij de school van mijn dochter te zijn. En meestal is ze al buiten. Als enige staat ze nog naast de juf, rustig om zich heen te kijken.

Ik heb weliswaar goede herinneringen aan het wachten op mijn vader, maar dat is natuurlijk niet waarom ik nu ook zelf te laat kom. Laat komen is gewoon een van mijn slechte gewoontes. Een gewoonte die vooral lijkt gebaseerd op mijn weerzin tegen te vroeg komen, en dan is het risico nu eenmaal groter dat je te laat komt. Waarom ik liever te laat ben dan te vroeg, probeer ik al tijden te begrijpen. Van de slechte gewoontes die een mens kan hebben, is laat komen of eigenlijk te laat vertrekken, een betrekkelijk onschuldige slechte gewoonte, maar juist daarom intrigeert ze me.

Vaak vergeten we door de onbenulligheid van kleine menselijke gebreken naar de oorzaak van het gebrek te vragen en zien dan grotere zaken over het hoofd. Want het is toch eigenaardig waarom ik niet die kleine moeite neem iets eerder weg te gaan. Sterker nog, als niets me in de weg lijkt te staan om ruim op tijd te vertrekken, word ik er toch van weerhouden door een haast fysiek verzet, een licht gevoel van walging. En omgekeerd schep ik er met dezelfde kracht genoegen in als ik op tijd ben en klaar om te gaan, om toch snel nog even een deuntje op de gitaar te spelen. Alsof ik deze extra tijd moet benutten. Welke wil hier aan het werk is, weet ik niet, maar ik kan me niet anders herinneren of ik heb dit zo gevoeld.

Toen ik een jaar of veertien was zei een vriend licht geërgerd tegen mij terwijl ik vlak voor school aansloot in het groepje dat net als ik naar Zutphen fietste: 'Als je drie minuten eerder weggaat kun je gewoon de hele weg met ons mee fietsen.' Hoe graag ik hem ook mocht, ik vond het geen aantrekkelijk idee voortaan op tijd te zijn. Alleen uit schaamte zei ik dat hij gelijk had.

'Geen gevoel voor tijd' noemt mijn moeder het als mijn vader weer eens te laat vertrekt. Maar zijn timing in het spel van sport en muziek is altijd goed geweest. Waarom in het ene geval wel op tijd en in het andere niet? Wat is *timing* anders dan gevoel voor tijd hebben?

Om ervan af te zijn speelt mijn vader zo nu en dan de troef van zijn Indische afkomst uit. *Djam karet*, zegt hij dan – elastieken tijd. En dan mag mijn moeder nog van geluk spreken. Tijdens mijn enige bezoek aan Indonesië ontdekte ik dat het elastiek van de Indische tijd behoorlijk rekbaar is. Daar kijken ze niet op een uurtje, zelfs niet op een dag later dan afgesproken.

Het is niet iets wat je graag van jezelf toegeeft, maar ik heb lang gedacht dat mijn onwil om op tijd te vertrekken simpelweg door luiheid werd ingegeven. En ik wil nog steeds wel erkennen dat ik aanleg voor luiheid heb – wie durft het van zichzelf te ontkennen? – maar veel schieten we er niet mee op. De term verhult meer oorzaken dan hij prijsgeeft. Dat ligt in de aard van het begrip. Luiheid is een bevooroordeeld begrip: het is de naam die een sociale gemeenschap geeft aan het individu dat zich onttrekt aan de verplichtingen die dezelfde gemeenschap hem stelt. Wie niet meedoet is onwillig, of lui. En in ons taalgebruik is luiheid verbonden met niet moe willen worden. Ze staat voor een zekere lusteloosheid die resulteert in niets doen.

François de la Rochefoucauld volgt in zijn *Maximen. Bespiegelingen over menselijk gedrag* (1665) een ander spoor. Niet dat van het uiterlijk gedrag, maar dat van de individuele ervaring. Luiheid is in zijn ogen niet een tekort aan lust, maar eerder een kwaadaardige lust. 'Van alle hartstochten is de luiheid de slechtste,' schrijft hij. 'Als we goed nagaan hoe ze te werk gaat, zien we hoe ze zich bij elke gelegenheid meester maakt van onze gedachten, onze belangen en onze genoegens.' In plaats van niet meedoen omdat je gewoonweg geen zin hebt iets te doen, is deze kwaadaardige hartstocht naarstig op zoek naar een zin. 'De rust van de luiheid oefent een verborgen betovering uit op de ziel, die plotseling haar ijverigste streven onderbreekt en haar meest standvastige besluit opgeeft. Om een juiste indruk te geven van deze hartstocht moeten we zeggen dat de luiheid een soort gelukzaligheid is die de ziel troost voor alles wat ze verloren heeft, en de plaats inneemt van alles wat ze bezit.'

Het is een meedogenloze analyse, kenmerkend voor La Rochefoucaulds pessimistische kijk op het leven. Al levert een argwanende blik in het algemeen meer op dan het voortvarende idealisme van optimistische denkers, pessimisme kan de blik natuurlijk evengoed vertroebelen. En het lijkt me dat deze analyse daar ook een beetje onder te lijden heeft. Want wat La Rochefoucauld juist zo mooi bovenhaalt, is dat luiheid haar eigen beweegredenen heeft en niet een volstrekt geesteloze toestand is. Ondanks de vaak uiterlijke verschijning van isolement staat luiheid in zijn analyse nog altijd in contact met de wereld. Hoe slecht is dan deze hartstocht?

Als het de luiheid is die erin slaagt me los te trekken van wat er van me verlangd wordt, en als deze luiheid, waardoor ik me bijvoorbeeld veroorloof even snel nog de gitaar te pakken, 'een soort gelukzaligheid is die de ziel troost', dan denk ik dat luiheid in veel gevallen ook onze redding kan zijn.

Vooral wanneer er te veel van mij wordt verlangd. Met te veel bedoel ik niet zozeer in gewicht, maar in mogelijkheden, wanneer er te veel verschillende verlangens tegelijkertijd aan mij trekken. Een beetje luiheid kan dan net als een beetje gif als een medicijn te werk gaan.

Luie mensen zijn misschien niet zozeer liever lui dan moe, maar verlangen naar een vorm in plaats van naar een warboel. Dat zou verklaren waarom luiaards meestal wel voor een spelletje te porren zijn, dan zelfs opleven en tot grote lichamelijke prestaties in staat zijn. Dat hoeft niets te maken te hebben met de zware last van de ernst van het gewone leven die van ze afvalt, maar doordat het leven plotseling een zin krijgt.

Want dat doet het spel met een mens. Van muziek en dans tot sport geeft het spel een vorm aan de overweldigende mogelijkheden die de werkelijkheid ons onophoudelijk voorhoudt.

Ook de luiaard wil iets, misschien wel het meest van allemaal. Maar door gebrek aan eenduidigheid kan zijn wil niet het juiste spoor vinden. Het spel van de verbeelding noemen Kant en Schopenhauer het samenbrengen van de overdadige aanknopingspunten die de wereld biedt. Dat is het eigenlijke existentiële probleem van de mens, niet het menselijke tekort, waarbij we meer willen dan we kunnen, maar een menselijk teveel dat door alleen een vorm tot staan kan worden gebracht. Wat de mens voelt in ieder verlangen is de poging het teveel dat ons onophoudelijk overspoelt tot zinnen te brengen. Luiheid vormt in haar 'verborgen betovering van de ziel' een substituut voor een nog ontbreken van zin.

Dat wachten vaak meer oplevert dan dadendrang ontdekte ik toen mijn vader me leerde judoën op het witte berbertapijt in de woonkamer. Mijn judolessen, iedere zaterdag in het dorpshuis, waren vooral op de daden gericht geweest: worpen en houdgrepen. Thuis probeerde ik dit alles fanatiek op mijn vader uit, die me plagend uitdaagde. Maar bij iedere ingezette beenworp lag ik een moment later alweer met mijn rug op het tapijt. Winnen liet hij ons nooit, bij geen enkel spel.

Hij liet me zien dat je bij judo alleen kunt winnen met geduld. 'Probeer me maar eens om te duwen.' Met alle kracht die ik als zesjarige in mijn lijf had bonkte ik met twee handen op zijn borst. Bam, daar lag ik alweer. 'Meegaan,' zei hij dan en bewoog zijn rechterhand met gestrekte vingers in een sierlijke diagonaal van borsthoogte langs zijn zij richting de grond. 'Je moet met de kracht meegaan.'

'Moet je ook tegen hem?' vroeg hij bij een van mijn eerste toernooien. Hij keek naar een grote jongen die met een zakje paprikachips in zijn hand op de mat zat. Ik knikte. 'Laat hem het werk doen. Je moet niet proberen een worp in te zetten. Daar is hij te zwaar voor. Gewoon wachten tot hij je wil werpen en dan haak je hem.'

Maar wachten moet je leren. De jongen trok me binnen een paar seconden hard naar de mat. Ik had niet eens tijd gehad om te wachten. Voor ik het wist lag ik in een verstikkende houdgreep. Op de clubkampioenschappen ruim een jaar later had ik de kunst van het wachten door. Vanaf dat moment won ik veel en altijd op dezelfde manier, met een heupworp en een houdgreep, die ik twintig tellen vasthield.

Hoe ik het wachten leerde weet ik niet meer, maar wat me helder voor de geest staat is dat ik ineens niet langer de tegenstander als tegenstander zag. Daarvóór had ik tegen de vreemde lijven in de witte pakken aangekeken en hun geur geroken en naarstig gezocht naar het geheim van deze ene tegenstander. Dat was nu verdwenen. Na het *hajime* van de scheidsrechter zag ik alles nog wel, het scorebord, de mat, de scheidsrechter in het blauwe jasje, en ook de tegenstander, maar alles leek in één geconcentreerde dans in elkaar over te lopen. Zijn tempo was mijn tempo, net zoals het wachten was geweest in het verlaten plantsoen tussen mijn school en het bejaardenhuis.

De zomervakantie voor ik naar het noorden verhuisde om samen te wonen, verbleef mijn poes Gijsje alvast op het adres van een Groningse kennis. We waren een dag eerder teruggekomen vanwege het overlijden van mijn opa, maar toen ik Gijsje wilde ophalen bleek ze al in de eerste dagen na ons vertrek weggelopen. De oppas had overal gezocht en briefjes opgehangen. Toch wilde ik ook nog zoeken. Waar moet je beginnen in een stad?

Op de eerste dag zocht ik in de buurt van haar logeeradres. Op de tweede dag kamde ik de stad in zuidelijke richting wijk voor wijk uit, en wilde daarna doorfietsen naar Haren, waar mijn opa lag opgebaard.

Het was begin augustus en plakkerig warm. In een nette buitenwijk waar ik tegen het middaguur arriveerde zag ik een rode poes wegschieten onder een hoge liguster. Ze leek me te knokig voor Gijsje, maar misschien had ik haar door de vreemde omgeving niet herkend. Heel voorzichtig hing ik de fiets tegen de hoge heg en liet me op handen en knieën op de warme stoeptegels zakken. Om me snel en geruisloos te kunnen bewegen strekte ik mijn benen en liep op handen en voeten langs de heg – alsof ik een kat nadeed. Er was niets meer te zien. Ongeduldiger schuifelde ik nu gehurkt naar de straathoek tot waar de heg liep. Toen ik om het hoekje loerde keken drie poezen me zonder argwaan aan. Twee zwarte, en de knokige rode die ik al had gezien. Het beest begon zich te wassen. Het was Gijsje niet. Maar door de ontdekking van iets wat eruitzag als een vergadering voor katten meende ik op een spoor te zijn gestuit.

Zonder van mijn plaats te komen keek ik om me heen de wijk in. In de brede laan met in het midden een strook groen stonden bijna geen auto's. Toen ik over de stoep in de richting van mijn fiets keek maakten geluidloze druppels vlekken ter grootte van een munt op de tegels. Ik bleef nog even staan terwijl ik de warme regen al door de stof van mijn polo voelde trekken, liep daarna langs mijn fiets een afrit af naar een keldergarage. Onder het afdakje vlak tegen de aluminium deur keek ik naar de lucht die vol leek gekladderd met een dikke laag donkergrijze verf. Het rommelde. De regen viel recht naar beneden en kroop in een steeds grotere stroom over de grindtegels het rooster in voor de garage. Terwijl mieren, pissebedden, een paar spinnen en een slak uit het rooster naar boven kwamen, probeerde ik te bedenken waar ik straks mijn zoektocht zou voortzetten.

De slak had al een slijmspoor van een meter hoog over het aluminium van de garagedeur getrokken toen de kansloosheid van mijn queeste tot mij doordrong. Ik dacht aan mijn opa die op zijn sterfbed riesling door een rietje had gedronken, en aan mijn familie die nu een paar kilometer verderop in het huis in Haren bijeen was. Waar wachtte ik eigenlijk op? Waar moest ik straks beginnen? Gijsje kon achter elke struik verscholen zitten, en waarschijnlijk niet eens in deze buurt.

Waar wachten we in ons leven eigenlijk op? Op welke apotheose? En als het leven eindigt, is dan het wachten al gestopt? Of eindigt het leven als een weggelopen kat, die overal kan zitten, maar zich nergens laat zien? 'De wakenden, de wakkeren. Zij weten niet waarop zij wachten.'

Verantwoording

Delen van deze essays verschenen eerder in *Trouw*, of *nrc.next*, of werden uitgesproken tijdens lezingen.

Bronnen

Literatuur

Arendt, Hannah, *Denken*, Arbeiderspers, vertaling Thomas Graftdijk, Amsterdam, 1980

Aristoteles (e.a.), *Het politieke dier. De ontdekking van een soort*, Historische Uitgeverij, Groningen, 2010

Barthes, Roland, *Camera Lucida. Reflections on Photography*, vertaling Richard Howard, Vintage, Londen, 1993

Beunders, Henri, 'We hebben al die jaren naar onszelf gekeken', *Trouw* (bijlage Letter & Geest), 1 oktober 2011

Borges, Jorge Luis, *Het geheimschrift en andere gedichten*, vertaling Robert Lemm, De Bezige Bij, 1999

Coetzee, J.M., *Life & Times of Michael K*, Vintage, Londen, 2004; *Wereld & wandel van Michael K*, vertaling Peter Bergsma, Agathon, Weesp, 1984

Dros, Imme, *Griekse mythen*, Athenaeum – Polak & Van Gennep, Amsterdam, 2007

Grunberg, Arnon, 'Voetnoot', *de Volkskrant*, 14 oktober 2011

Habermas, Jürgen, *De nieuwe onoverzichtelijkheid en andere opstellen*, Boom, Amsterdam, 1989

Heertje, Raoul, *Mark Rutte is lesbisch*, Contact, Amsterdam, 2011

Kant, Immanuel, *Over de gemeenplaats: dat kan in theorie wel juist zijn, maar deugt niet voor de praktijk*, vertaling B.M.I. Delfgaauw, Kok Agora, Kampen, 1987

Kant, Immanuel, *Fundering voor de metafysica van de zeden*, vertaling Thomas Mertens, Boom, Amsterdam, 1997

Kleist, Heinrich Von, *Verzameld proza. Alle verhalen en essays*, Athenaeum – Polak & Van Gennep, Amsterdam, 2009

Kockelkoren, Petran, *Techniek: kunst, kermis en theater*, NAi uitgevers, Rotterdam, 2003
Kousbroek, Rudy, *Het meer der herinnering*, Meulenhoff, Amsterdam, 1984
Lamme, Victor, *De vrije wil bestaat niet. Over wie er echt de baas is in het brein*, Bert Bakker, Amsterdam, 2010
Levinas, Emmanuel, *Het menselijk gelaat*, vertaling Ad Peperzak, Ambo, Amsterdam, 2003
Márai, Sándor, *Gloed*, vertaling Mari Alföldy, Wereldbibliotheek, Amsterdam, 2004
Nietzsche, Friedrich, *Over nut en nadeel van geschiedenis voor het leven. Tweede traktaat tegen de keer*, Historische Uitgeverij, Groningen, 2006
Rochefoucauld, François de la, *Maximen. Bespiegelingen over menselijke gedrag*, Historische Uitgeverij, Groningen, 2008
Safranski, Rüdiger, *Arthur Schopenhauer. De woelige jaren van de filosofie*, vertaling vertaalgroep Bergeyk, Olympus, Amsterdam, 2002
Schopenhauer, Arthur, *De wereld als wil en voorstelling (1&2)*, Wereldbibliotheek, Amsterdam, 1997
Schopenhauer, Arthur, 'De metafysica van het geslachtelijke leven' (vertaling Jabik Veenbaas) uit: Machteld Allan (red.), *Hoe te beminnen. Filosofen over seks,* Meulenhoff, Amsterdam, 2007
Simmel, Georg, *Brug en deur*, vertaling J.M.M. de Valk, Kok Agora, Kampen, 1990
Steiner, Rudolf, *De filosofie van de vrijheid. Hoofdlijnen van een moderne visie op mens en wereld. Observaties in de ziel volgens de methode van de natuurwetenschap*, vertaling Pim Blomaard, Vrij Geestesleven, Zeist, 2003
Szymborska, Wisława, *Einde en begin*, vertaling Gerard Rasch, Meulenhoff, Amsterdam, 1999
Szymborska, Wisława, *Het moment*, vertaling Gerard Rasch, Meulenhoff, Amsterdam, 2003
Tilburg, Theo van (en Jenny de Jong Gierveld), *Zicht op eenzaamheid*, Van Gorcum, Assen, 2007
Verhoeven, Cornelis, *Dierbare woorden*, Damon, Budel, 2002
Weber, Nancy, *The Life Swap*, iUniverse, Lincoln, 2006
Wittgenstein, Ludwig, *Tractatus logico-philosophicus*, vertaling W.F. Hermans, Athenaeum – Polak & Van Gennep, Amsterdam, 1989
Žižek, Slavoj, *First as Tragedy, Then as Farcs*, Verso, New York, 2009

Film, televisie, schilderijen

Lean, David, *The Bridge on the River Kwai*, 1957

Verheul, Thom, *Tabee Toean*, 1995

VPRO-programma *24 uur met…* (10 januari 2011)

Werkhoven, Isabella, *Strange Phenomenon*, 2008, 40 x 60 cm, olieverf op linnen, (eigendom bedrijfscollectie Zaanstad) zie www.isabellawerkhoven.nl

Muziek

Bach, Johann Sebastian, *Goldberg Variations*, Glenn Gould, 1955

Bach, Johann Sebastian, *Goldberg Variations*, Glenn Gould, 1982

Bach, Johann Sebastian, *'Partita nr. 2 in C mineur'*, Glenn Gould, 1960

Belafonte, Harry, 'Where have all the flowers gone' (Live, Stockholm, Zweden, 1966)

Gluck, Christoph Willibald, *Orfeo Ed Euridice* (First Vienna Version), Arnold Östman & Drotningholm Theatre Chorus And Orchestra

Young, Neil, *Live At Massey Hall*, 1971

Zandt, Townes Van, *Heartworn Highways*, 1976

Zandt, Townes Van, *A Private Concert: Holiday Inn, Houston*, 1988